本书课题为：
广东省哲学社会科学"十二五"规划项目"校本微型课程开发的理论与实践研究"（GD12YJY02）和广东省高校省级重大研究项目"社会主义核心价值观教育课程开发原理与方法研究"（2016WZDXM013）之成果。

The Series of
Chinese Education
Research

中国教育研究丛书

微型课程论

曾文婕　著

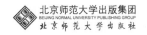

北京师范大学出版集团
BEIJING NORMAL UNIVERSITY PUBLISHING GROUP
北京师范大学出版社

前　言

　　《资治通鉴》有云："尽小者大，慎微者著"。从课程视角来看，重视微型课程开发，方能成就课程发展的大格局和大境界。

　　通过多年研究，我们确立了"微型课程开发"这一方向，探索出相应的原理与方法。2007 年起，顺应"课程发展即教师发展"等诉求，笔者在华南师范大学开设了"课程与教学论实验"课，陆续列入全日制本科生和研究生培养方案，既将研究成果运用于教学，也在教学中拓展和深化研究。经由该课程的学习，师生共同研制了一系列微型课程案例，部分案例为中小学采纳并得以刊发，学生也有效解决了"知不知"课程理论和"会不会"课程开发的问题，大幅提升了课程开发素养。2011 年，我们受托分析"我国大陆校本课程开发十年现状"，研究发现大部分校本课程设计都较为"粗放"，即试图开发一门课程供全校所有学生学习，而且没有具体的学段、年级或班级课程目标和内容设计。这种粗放设计，不能有针对性地满足不同学段、年级或班级学生的不同学习需要。微型课程开发的价值，亟待进一步彰显。[1] 2012 年，笔者牵头申报了"校本微型课程开发的理论与实践研究"，获准为"广东省哲学社会科学'十二五'规划项目"（编号：GD12YJY02），结项鉴定为"优秀"等级。结项之后，笔者在篇章结构、论点及材料等方面对已有文稿进行了几次大幅修改，形成了本书稿。

　　当下，随着信息通信技术的迅速发展，人类已步入"微"时代。这

---

[1]　Zeng Wenjie & Zhou Ting, "School-Based Curriculum Development in Mainland China: An Analysis of Literature from 2001 to 2010," in *Curriculum Innovations in Changing Societies*, ed. Edmond Hau-Fai Law & Chenzhi Li, Netherlands, Sense Publishers, 2013, pp. 271-290.

一时代，蕴含着致思理路、文化传播、社会心理、人际交往和生活方式等方面的多重复杂转变，既带给人实时、快速和高效的体验，也将人裹挟进欣喜与焦虑、便捷与浮躁、理性与盲目的博弈之中。在很多人看来，微型课程是与"碎片化学习"相匹配的。然而，将"碎"等同于"微"，过于强调"碎片化时间"和"碎片化知识"等，都是不妥当的。"碎"意味着"零散""割裂"和"无联系"，但是，微型课程，微而不碎。微型课程既要考虑如何更好地辅助或补充已有课程，还要考虑多个微型课程之间如何形成系列，从而发挥课程的整体效能。

本书围绕微型课程"为何微""何以微"与"如何微"等问题，力求将原理阐述、方法分析与实践案例相结合，既体现课程理论底蕴，又具备课程开发方法指向，亦彰显课程实践关怀，共分八章。

第一章"微型课程的起源"，剖析微型课程的历史、逻辑与价值起源。第二章"微型课程的概念"，解析"课程"和"微型"二词，辨析"微课""微课程""微课堂"和"校本微型课程"等概念，进而提出作为总称的"微型课程"定位与含义。第三章"微型课程的基础"，凸显微型课程开发必须具备一定的理论基础，主要包括历史基础、哲学基础、科学基础、心理学基础、文化及社会基础等。第四章"微型课程的类型"，提出微型课程开发的多种类型，主要有教学资源类、转化学生类、延伸升华类、衔接过渡类、关联整合类和日常修养类课程，这些类型解读可作为切入微型课程开发的参考方向。第五章"微型课程的模式"梳理了校本化、信息化和整合化三种微型课程开发模式及其所属的多种子模式。

第六、第七、第八章分别为"微型课程的设计""微型课程的实施"和"微型课程的评价"，探讨课程设计、课程实施、课程评价这三项课程开发过程中必须充分关注的重点工作。其中，"微型课程的设计"突出直击学习困难的课程目标设计、活动化的课程内容设计以及促进深度学习和推动自主决定的课程媒介设计。"微型课程的实施"倡导创新性地开发教学方式，通过环境开发深化课程实施以及学生领导的课程实施。"微型课程的评价"强调灵活开发评价策略并重视循证决策与学本评估。

本书亦是广东省高校省级重大研究项目（2016WZDXM013）、广东省研究生教育创新计划资助项目（2015JGXM-ZD12）和广东省高等学校优秀青年教师培养计划资助项目（HS2015005）的成果之一，同时得到了广东省"特支计划"的资助。

　　本书的撰写及相应的教学转化应用工作，得到了华南师范大学价值教育研究与开发中心、社科处、教务处和教育科学学院等单位相关领导和同事的关心与支持。广东省中山市教育局教学研究室李宇韬老师为本书提供了宝贵的参考材料。北京师范大学出版社陈红艳和孟浩编辑及有关同仁为书稿付梓倾注了大量时间和精力，研究生蒋慧芳和阮婷婷组织多位同学校对了全书。在此一并致以诚挚的感谢！也恳请各位方家就本书的不足之处提出宝贵的建议。

　　"微"并不是微型课程的目标，而是其体现优教促学价值的方式。微型课程，微而不末，微而不弱，由微而著。建构课程的微哲学，释放课程的微力量，从微型课程开发切入带动课程体系的整体变革与改进，已是必须直面和重视的课题。如果我们不满足于仅仅以一种自上而下的方式来俯瞰课程建设，不满足于仅仅通过宏大的教育秩序及其变迁去建构课程运行的机制并推动其运转和发展，就可以看到每位师生所蕴含的巨大动力，就有望看到在日常生活里、在工作场所中、在学校课堂上，每个人都有可能是课程开发者与学习者，激动人心而又悄无声息的课程变革正在进行。

曾文婕

2017 年 8 月 28 日

目　录

第一章　微型课程的起源

"与自然现象相比，文化现象更为明显地受到生成的制约。它们无论何时都不可能游离于过程的溪流"[①]，这就要求"把所有单纯的事实都归溯到它们的生成，把所有的结果都归溯到过程，把所有静态的事物或制度都归溯到它们的创造性活力"[②]。事物的起源，往往包含其后续发展变化的根本依据。分析微型课程的历史起源、逻辑起源和价值起源，有利于透过表层的现象，探究其深层规定性。

第一节　微型课程的历史起源

微型课程的历史起源，主要指微型课程出现与形成的时间点和一些关键事件。微型课程一直在发展演进，迄今为止大致经历了萌芽期、发展期和兴盛期这三个时期。

一、萌芽期

微型课程最早萌芽于 20 世纪五六十年代美国斯坦福大学开展的微型课程教学（microteaching，亦称"微格教学"），这是一种培养师范生教

---

① ［德］恩斯特·卡西尔：《人文科学的逻辑》，沉晖、海平、叶舟译，151～152 页，北京，中国人民大学出版社，1991。

② ［德］恩斯特·卡西尔：《人论：人类文化哲学导引》，甘阳译，235 页，上海，上海译文出版社，1985。

学技能的方法。[1] 20 世纪 70 年代，微型课程正式进入美国课程改革的视野，因其周期较短、灵活性强、易于操作等特点，得以不断推广。后来，微型课程主要以网络课程的形式在其他国家得到应用。学校、企业或个人针对某一主题开发出一定时间周期的网络课程，学习者可以直接在课程网络平台上学习，也可以采用订阅方式由服务商定期将课程内容发到指定邮箱以供学习。

就内容而言，该时期的微型课程主要有精神课程、价值课程、情绪课程、信任课程和人际关系课程等。这些课程及时反映时代的新需求，帮助学习者优化精神世界、发展价值情怀、关注情绪体验、唤醒信任意识、提升人际能力，促使学习者全面发展与成长。

二、发展期

微型课程在新加坡得到了长足发展。1997 年，新加坡教育信息化总体规划开始实施。1998 年，新加坡教育学院启动微型课程（microLES-SONS™）研究项目，主要目的是实现信息技术和学校课程开发的充分整合，通过培训使教师能够建构微型课程，并将微型课程开发作为有效促进学生学习的一种有力工具。[2] 这一项目受到了参训教师的好评，取得了较大的成效。

20 世纪 90 年代，我国一些中小学开始了初步的探索。比如，江苏锡山实验小学开展了"开设微型课程，优化课程内容和形态"的课题研究，探讨了微型课程内容的选择以及课程实施时间的安排等问题。

三、兴盛期

随着信息通信技术的蓬勃发展，尤其是平板电脑和智能手机等的广泛应用及大规模网络开放课程（Massive Open Online Courses，MOOCs，亦译"慕课"）的日益盛行，微型课程开发迎来了兴盛期。

---

① Walter Borg, Philip Langer & Marjorie Kelley, "The Minicourse: A New Tool for The Education of Teachers," *Education*, 1970 (3), pp. 232-238.

② Shanti Divaharan & Philip Wong, "microLESSONS™: A Tool to Encourage Student-centred Learning," *Teaching and Learning*, 2003 (1), pp. 15-25.

这一时期的微型课程开发，更强调视频化、网络化和短小化，常被称为"微课"。比如，彭罗斯（Penrose）提倡开发"一分钟视频微课"，用于促进学生的主动学习。他首先将其用于职业安全课程的教学，随后拓展到其他课目（如阅读和兽医研究等）的教学之中。[①] 当下，世界许多国家和地区都在开发和推广微课，渐呈如火如荼之势。

放眼国内，可见席卷各地的"微课热"。2010 年，广东省佛山市率先启动微课建设，开展了首届中小学新课程优秀微课征集评审活动，要求以体现课堂教学重难点和特色理念的微视频为主，辅以系列化的教学资源。2011 年，内蒙古鄂尔多斯东胜区教研中心组织中小学教师基于信息技术开发微课，旨在通过微课促进教师专业发展，所开发的《后进生四招》和《暴力小孩》等微课，有利于教师解决现实中遇到的学生行为问题。2012 年，全国首届"微课程"大赛启动暨"教育通"云平台发布会在武汉市洪山区举行。另外，全国各地还举办了多种多样的微课大赛。微课已经成为一股教育热潮，吸引着人们的视线。但是，在一片繁华之后，也暴露出微型课程理论研究不够系统深入及相应开发形式化严重等一系列问题。由此，专门探讨微型课程的有效开发与利用，使之真正优化师生的教与学活动及社会学习者的自主学习活动，就成为研究的重点和热点。

第二节　微型课程的逻辑起源

"逻辑"一词属于哲学概念，是指客观事物发展的规律性以及由此决定的人们思维的形式和规律性。微型课程的逻辑起源，主要指微型课程出现与发展的客观根源，是微型课程产生和不断优化的逻辑合理性。

一、内因与外缘

课程开发是提高学校办学质量的重要途径，但在具体操作上存在误区。比如，很多时候的课程开发，被视为在全校范围内统一开设课程。

---

① David Shieh, "These Lectures are Gone in 60 Seconds," The Chronicle of Higher Education (Information Technology section), 2009 (26), pp. A1, A13.

全校师生共学剪纸，集体创作剪纸作品，具有规模效应，容易在短时间内产生较大的社会影响，因此，这种形态的课程开发备受青睐。然而，必须承认的是，学生的学习需要是多种多样的，有普遍一般的需要，也有具体特殊的、随机出现的需要。前者能通过系统的、固定的、长期的国家课程、地方课程及全校性校本课程来满足。可是，这些课程开发周期长，涉及因素多，不能随学习需要的出现而立即开设，也很难随学习需要的改变而大幅调整。课程的适用范围越大，满足学生具体特殊学习需要的可能性就越小。基于此，我国才突破长期以来只强调共性和统一性的国家课程开发模式，逐渐推行三级课程管理体制，针对国家和地方课程难以照顾不同地区和学校学生多种学习需要的不足，鼓励以校本课程予以弥补。如果将学校课程开发简单局限为面向全校学生的、整齐划一的定位，显然有悖于三级课程管理的美好初衷。

随着人们对课程开发理论认识的逐渐深刻和实践探索的日益深入，注重"宏大规模"的粗放式开发形态正在被超越，越来越多的微型课程开始应运而生。教师根据学生状况设计与实施的短小精悍、灵活多样、因时因地制宜的微型课程，成了为学生"量身打造"的个性化课程。在这个意义上，课程开发的形态要从"可大"到"可小"，才能更有针对性地满足学生不断涌现的学习需要。

近年来，信息通信技术快速发展的"东风"催生了目前流行的信息技术视角下的微课这一特殊形态，使原有的学校课程存在方式承受了前所未有的压力，打破了学校课程封闭僵化的局面，成为推动学校课程进化的强势力量。微型课程具内因而依外缘之助，成就了自身。

二、消费与创造

当课程开发被定位在"较大规模"层面时，教师通常被当作课程计划或方案的被动消费者，即教师只是课程的实施者。正因如此，人们在关注课程的开发、改革和发展时，往往忽略了对教师发展的考虑，最终导致了课程的失效。微型课程则赋予教师以课程主题、目标、内容、实施与评价方式的选择和决策权，使教师成为课程创造者得以可能。微型课程开发，强调教师作为课程研究者，通过行动研究不断提升课程品质。这就顺应了课程理论与实践发展的诉求："毫无疑问，教师应该是课程开发过程的轴心"，"使他们胜任课程开发中的这个中心角色，这是非常重要的"；在课程开发的关键特征中，最重要的一点就是"教师的中心地位"。①

值得一提的是，微型课程因其微小的特点，还可以让学生成为课程创造者。即学生自主设计课程，或者与教师一起规划新的课程并为课程开发制作预算等。美国加利福尼亚州的一所中学邀请学生参与课程规划会议，师生共同规划、建构学习单元。② 美国华盛顿州的一年级规划者（First grade planners）项目，旨在让一年级的学生开发一门课程。学生能够在教师帮助下创建这门课程，而且此过程中的师生、生生的意见交换让课程开发更具凝聚力和目的性。③

三、迅变与渐变

从速率来看，课程改革有迅变与渐变之分。迅变的课程改革，往往不容易被人们接受，会遭到激烈抵制。④ 这是由于快速变革通常会给教师带来大量压力，如不确定和模糊感、无能感、无权感、秩序和意义丧失感以及工作沉重感等。课程改革中教师所感受到的负面情绪，往往是教师抗拒改革的主要原因之一。当然，改革中的压力并非全是负面影响。在不清晰的情境下，在充满问题、冲突与挑战的时候，学习和成长也容易出现。改革所造成的非常规性，要求教师高度注意、开展研究、解决问题，教师由此得以学习和成长。但是，只有当压力程度比较温和的时候，才能在一定程度上保证教师对课程改革的认同感和效能感，也更容易出现积极的效应。

为了走出课程改革的常见困境，必然需要选择渐进的方式，而微型课程正好可以实现小范围内的课程迅变，进而逐渐累积以实现课程整体结构的渐变。洞察到"不矜细行，终累大德"的教训，微型课程由积

---

① ［英］凯利：《课程理论与实践》，吕敏霞译，129 页，北京，中国轻工业出版社，2007。

② Suzanne SooHoo, "Students as Partners in Research and Restructuring Schools," *The Educational Forum*, 1993 (4), pp. 386-393.

③ Nelson, J. Ron & Frederick, Lin, "Can Kids Design Curriculum? Yes!" *Education Digest*, 1994 (8), p. 42.

④ 廖哲勋、田慧生：《课程新论》，482 页，北京，教育科学出版社，2003。

"小胜"而为"大胜",开启了课程改革的一种新思路。

四、杂多与同一

一直以来,学校和教师面临多重任务。比如,既要进行国家课程的校本化实施,又要落实地方课程,还要开发校本课程;既要改进学科课堂教学,又要召开班会,还要开展系列化的校内外活动;既要运用信息技术,又要解决学生学习困难,还要对教材进行二次加工;既要家校协作,又要开发社区资源,还要创建学校特色或形成教学风格;如此等等。以上种种,经常沦为缺乏主旋律的喧闹或随风散落的"一地鸡毛"。微型课程则可以将杂多整合为同一,将诸多事项统整到课程开发之中,即基于微型课程开发一体化地完成以上多重任务。

第三节 微型课程的价值起源

微型课程开启了新的课程价值维度,主要表现为践行学本课程哲学、完善学校课程体系和缓解教师课程焦虑等。

一、践行学本课程哲学

当下课程改革与研究领域孕育出"学习为本"的新动向,要求课程开发聚焦于学生的学习,深化为学习为本(learning-based)的课程开发。人们还进一步提出,发展以学习为中心(learning-centred)的教育,这既是摆在教育工作者面前的重要任务,也是教育工作者建构新角色和身份的重要契机。[①] 发展至今,人们对课程的认识大致经历了从"通过学习来完成课程",到"关注课程中的学习",再到"为了学习的课程"这样的演进过程,"学习为本"的新型课程哲学正在兴起。[②]

学习为本哲学包含两重基本意蕴。其一,为了所有学生学习的课程,

---

① Claus Nygaard, Thomas Højlt & Mads Hermansen, "Learning-Based Curriculum Development," *Higher Education*, 2008 (1), pp. 33-50.

② 曾文婕、黄甫全:《课程改革与研究的新动向:彰显学习为本》,载《课程·教材·教法》,2013 (7)。

即课程是为了所有学生的学习而存在的。课程要满足所有学生的不同需要，课程的目标、方法、材料和评价都必须考虑和适合所有学生。据此，有的学者提出了八步骤的"优化（OPTIMIZE，八步骤首字母组合而成）"开发策略。① 其二，优化整体性学习活动的课程，即课程是为了促进整体性的学习活动而存在的。课程开发既要整体性地关注学习环境、学习评价、学习方式和学习结果等，又要整体性地关注学生的认知、情感和精神维度。②

王国维曾困惑过"可信"与"可爱"的问题，并感慨"可爱者不可信，可信者不可爱"。当下，我国课程开发的处境大抵如此。站在领导者的层面，彰显学校特色是一项艰巨任务，校本课程无疑是一张"王牌"，故而"可爱"。当执教一些校本课程，引来新闻媒体宣传报道时，教师也觉得这些课程"可爱"。但是，"可爱"者不"可信"。相当一部分校长和教师认为校本课程是比较花哨的东西，装点一下门面还可以，并不能真正解决学校和师生面临的一些根本性问题，并不能为课程发展和学生学习带来实质性帮助。

可见，如何保持课程开发的"可爱"，进而彰显其"可信"价值，让课程可信任、可信赖、有基础、有实效，让课程真正促进所有学生的深层次学习，就成为必须直面的问题。鉴于此，聚焦于学生具体学习需要的微型课程开发，就显得尤为重要。架通课程开发与深层学习之间的"桥梁"，弥合两者之间的"裂隙"，既是学习为本课程哲学的吁求，也是彰显微型课程开发本真价值的呼唤。

二、完善学校课程体系

课程是教育活动的一个核心组成部分，教育要满足学生的学习需要，进而促进其全面发展，就必须构建完善的课程体系。在已有课程结构中引入并凸显微型课程，能够使整个课程体系更丰富、更灵活、更成熟，

---

① Bradley Witzel & Paul Riccomini, "Optimizing Math Curriculum to Meet the Learning Needs of Students," *Preventing School Failure*, 2007（1），pp. 13-18.

② Michael Buchanan & Brendan Hyde, "Learning Beyond the Surface: Engaging the Cognitive, Affective and Spiritual Dimensions Within the Curriculum," *International Journal of Children's Spirituality*, 2008（4），pp. 309-320.

从而发挥出更为有效、更为强大的功能。在一定意义上，微型课程在课程体系结构中的作用，就好比造房子用的小块砖，单用整块的砖，建不成高楼大厦，墙角拐弯处等重要部位必须要用小块的砖，如果课程体系中只有常规性的、开设一学期或更长时间的课程，整个课程体系的活力和生命力必然受到影响和扼制。

而且，各类课程达到有机契合，才能形成课程体系。但是，长期以来，学校中的国家课程与校本课程基本上是各自为政，联系较少，呈分离而割裂的格局。一旦将视线投向微型课程开发，情况就大为改观。微型课程既可以对国家课程进行匠心独具的"补缺"，也可以消除学生对国家课程的学习倦怠，提升其学习兴趣，还可以从国家课程中的"一点"延伸开去进行拓展学习。由此，微型课程弥合了校本课程与国家课程的"脱节"，在两者之间建立了"紧密"的"直接"联系，乃至促成两者"融为一体"。例如，一所高中设立了"物理学史"和"生活中的物理"两门微型课程。"物理学史"主要以专题形式，补充介绍国家物理课程中学生特别感兴趣的科学家和历史上重要的理论论战。"生活中的物理"，则是以人类的衣食住行为线索，配合国家物理课程，带领学生学习一些特别有趣的、与生活密切相关的现象、器件及其原理。

在一定意义上，教师只有通过微型课程不断体悟到自己开发的课程确实解决了教学困难，提升了教学效率，实为国家课程不可或缺的补充，才能深刻地意识到课程开发的独特价值，进而自觉自愿地去开发包括与国家课程有些疏离的但为学生必需的更多主题的校本课程，积极主动地去探索规模更大的校本课程。增强校本课程和国家课程之间的联系，创新出脉络清晰、功能互促、浑然一体的学校课程体系，也是微型课程确证和彰显自身价值的一个方向。

课程开发自兴起以来，就与学校特色建设形成了密不可分的联系。然而，两者结合的基本形式是学校借助校本课程形成一种文化特色，"科技文化"校本课程促成学校科技教育特色，"剪纸文化"校本课程促成学校剪纸教育特色……这类特色，表现为参与人数多，整体水平高。但是，这也在一定程度上要求学生按照学校特色的要求，具有统一的爱好、相同的技能，几乎使学校变为某项活动、某种技巧的"专业培训学校"。这样做，恰恰不利于学生生动活泼地发展和个性化成长，有悖于教育的根本目的。立足于微型课程的视角，一所学校的理想特色，是超越科技特色、环保特色、体育特色、音乐特色等"单一"特色，生成拥有丰富多样的微型课程以充分满足学生不同学习需要的"厚实"特色。而后者才是全面发展教育理念期待的学校特色，是学校特色建设需要遵循的应然之途，也才是课程开发内蕴的价值诉求。

三、缓解教师课程焦虑

21世纪以来，随着基础教育课程改革的实施和推进，课程开发受到了广泛关注和重视。在这样的背景下，一个客观的事实是许多一线教师对课程开发感到焦虑。焦虑，一般被解释为"由某种不顺心的因素而引起的不愉快的情绪反应"[①]。焦虑困扰着人们，折磨着人们，在很大程度上影响着课程开发的推进。焦虑是人类的基本处境，始终伴随每个人，如影随形、无处不在。每个人都会遭遇焦虑，处理方式却有"负面"和"正面"两种方式。前者是毁灭性的方式，表现为选择躲避而不去解决造成焦虑的冲突。比如，部分教师从事的课程开发，是价值迷失的虚开发（什么课程都行、怎么开发都行），流于粗放的浅开发及盲目跟风的仿开发等。后者则是建设性的方式，视焦虑为一种有待厘清的挑战并尽可能解决问题。建设性的方式，始终认为"只要有冲突，正向解决的方案都是有可能的"，当个体能够正确面对焦虑并成功"走出来"时，其自我人格中的正向层面也随之成长。由此，焦虑就成为人们的"良师"，成为"产生创意的环境"。[②] 微型课程的价值之一，就在于以建设性的方式缓解教师的课程焦虑。

许多教师对课程开发有些畏难并感到焦虑，大致原因如下：第一，课程开发的选题和方案设计等需要投入大量时间，自己的日常教学任务繁重，无暇参与其中。第二，开发出整个学校的教师都来教、学生都来学的校本课程，需要严格论证和细致推敲，难度太大，自己不能胜任。

---

① 全国十二所重点师范大学：《心理学基础》，134页，北京，教育科学出版社，2002。

② ［美］罗洛·梅：《焦虑的意义》，朱侃如译，296～316页，桂林，广西师范大学出版社，2010。

第三，课程开发涉及全校教师、学生及其家长，牵涉面广，需要考虑的因素多，一出问题会引起师生不满和家长反对，给学校发展带来负面影响，自己不想承担风险。第四，以前的开发者花费很多精力设计的校本课程，实施效果并不理想，自己不愿重蹈覆辙。

究其根本，教师畏难和焦虑的是长期性的、宏大性的课程开发。相形之下，微型课程开发具有"小规模"的典型特征。比如，"主题小"，教师容易把握；"时间短"，可以是一学期、半学期甚至一节课或更短时长；"范围窄"，可以仅针对自己班内的学生。这就使微型课程开发的牵扯面不大，准备工作不显庞杂，易于设计与实施而且迅速可见成效。在这个意义上，开发微型课程能化解教师无暇参与课程开发的困局，消解教师因开发能力不足而产生的抗拒与回避风险的"心结"，还能让教师在"短期快速"的收效中体会课程开发带来的获得感、成就感和效能感，增强其课程开发的自信心和主动性。而且，教师能在开发"小规模"微型课程的过程中，不断提升课程开发素养，进而为开发更大规模的课程奠定坚实基础。

第二章 微型课程的概念

概念是反映事物本质属性的思维形式，是人们在理性认识阶段的产物，是理性思维的一种基本形式。[①] 在通俗意义上，概念又称理念或观念，是人对身心所感知的事物特性的语言表达。这里面包含"人""身心""事物特性""感知""语言"和"表达"等内涵。"人"包括历时态的人，如历史上的人、现在的人、未来的人，人的年龄和素养有差别，人的身心、事物的特性和人的身心感知到的事物特性也有所不同，人们所形成的概念也就是不一样的。而且，人的语言表达各异，人所感知到的事物与表达出来的事物也就有了区分。所以，概念具有动态性，总是不断发展变化的。研究微型课程，厘清一些基本概念尤为重要。

第一节 "课程"解析

"成熟的学者与初学者一样，都为太多的课程定义而叹息。但是，我们并不将之视为可怕的问题。一个复杂的领域必将会以复杂的，有时甚至是矛盾的方式运用其核心概念。定义的多元化，不是需要解决的紧迫问题，正好相反，它是需要被认可的形势。"[②] 在一定意义上，"课程"之所以成为最为活跃的教育研究领域之一，就在于其意蕴的无限丰富和界定的灵活多样。语言学的研究表明，一般来说，一个词最初的本义往往

---

① 冯契：《哲学大辞典（分类修订本）》上卷，348 页，上海，上海辞书出版社，2007。

② ［美］威廉·F. 派纳等：《理解课程》，26 页，北京，中国轻工业出版社，2004。

决定着其后来可能衍生或引申出来的派生义。解析"课程"的定义，需要先分析其词源。

一、中文词源

"课"和"程"，在我国早被使用，有较为确定的含义。许慎《说文解字》言："课，试也"。"试"，乃检验、考核、考试。《管子·七法》称："成器不课不用，不试不藏"，即对于人才，不经过考核不加以任用，不经过试用不作为人才储备。白居易《与元九书》云："苦节读书，二十已来，昼课赋，夜课书，间又课诗，不遑寝息矣。"这里的"课"指读书、学习。可见，"课"的基本含义为按规定的内容和分量学习并加以考核。"程"的本义是长度计量单位，十根毛发并在一起为一程，《说文解字》有："程，品也，十发为程，十程为分，十分为寸。"后来，"程"一方面被引申为事物或事情的发展进程，如"过程"，或先后步骤，如"程序"，另一方面被引申为典范和法律，如法程、章程等。至宋代，官编《广韵》将"程"解释为："程，期也。""程"又有"期限"之义。

学界一般认为，"课程"一词在我国最早出现于唐代。《诗经·小雅·巧言》曰："奕奕寝庙，君子作之。"直译为："大的宗庙，君子造它。"唐孔颖达疏："以教护课程，必君子监之，乃得依法制也。"意思是，修造宗庙有法度，有工作规程，一定要由懂得这些法度和规程的君子来监督修造工作。此处的"课程"指有规定数量和内容的工作规程。而"课程"指学习或课业及其进程，则始于南宋的朱熹。《朱子语类·卷十·学四》提出："宽著期限，紧著课程。""宽著期限"，指完成特定学习任务的总时间应该尽可能地多给一些；"紧著课程"，则指在规定时间内应该完成的每一部分学习任务必须按时完成。《朱子语类·卷十九·论语一》论读书之法："尝作课程，看《论语》日不得过一段。"《论语》是学习内容，"日不得过一段"就是学习的进程。

与学界的一般认识不同，有学者搜索《四库全书》《四部丛刊》《古今图书集成》和《大藏经》电子版发现①，早在南北朝时期翻译的佛经中

---

① 姜国钧：《"课程"与"教学"词源小考——兼与章小谦先生讨论》，载《华东师范大学学报（教育科学版）》，2006（4）。

就有"课程"一词。北魏凉州沙门慧觉翻译的《贤愚经·阿难总持品第三十八》说:"尔时有一比丘,畜一沙弥,恒以严敕,教令诵经,日日课程。其经足者,便以欢喜。"大意为:大和尚教小和尚读经,总是严格要求,每天要背诵多少多少,小和尚完成了规定的功课,大和尚便高兴。

从词源来看,中文语境中"课程"的基本含义是指人们学习规定内容的进程,伴随着严格的检查和考核。

二、英文词源

人们通常认为,英文"curriculum"一词最早出现于英国教育家斯宾塞(Spencer)1859年发表的《什么知识最有价值》一文中。《韦氏词典》(*Merriam-Webster Dictionary*)则指出,该词在英文中的使用最早出现于 1824 年,来源于拉丁语"currere"。最初,突出其拉丁语词根意为"跑道"(racecourse),对学生而言,学校课程就是奔跑竞赛,意味着一系列需要越过的障碍或跨栏。后来,"currere"的动词不定式(to run)意蕴被挖掘出来,以凸显课程的"奔跑活动"(running)即"生活经验"(lived experience)的含义,进而张扬课程内涵的通过"自传方法"(autobiographical method)以"自学"(self-study)的价值。所以,《国际课程百科全书》开篇就将课程的含义阐释为"作业计划与学习进程"(schedules of work and courses of study)。[①]

简言之,名词意义上的"课程",意为"跑道",强调的是"道",即为学生预先设计好的轨道,如学习的目标、任务、内容与计划等;动词意义上的"课程",意为"奔跑",重在"跑",即关注学生认识的独特性和经验的建构,重视课程的生成性、动态性、过程性和个体性等。基于不同的理解,就会产生不同的课程定义及相应的课程理论与实践。

三、课程定义

课程的定义林林总总,到 1973 年已有 119 种之多。[②] 长期以来,课程概念的解读基本变成了课程定义的论争。课程定义正在随着课程领域

---

① 黄甫全:《现代课程与教学论》第 3 版,57 页,北京,人民教育出版社,2014。
② [美] 比彻姆:《课程理论》,黄明皖译,169 页,北京,人民教育出版社,1989。

的不断扩张而逐渐扩展①，课程概念也在不断论争中自我生成、自我发展和自我肯定。只有通过课程定义的多样性和复杂性，才能认识其整体。将各种定义择要归类，大致有六种：一是"教育内容"说。课程指为实现学校教育目标而选择的教育内容的总和。二是"学科"说。课程是学科的同义词。三是"进程"说。课程指课业的进程。四是"预期结果"说。课程是一种预期学习结果的结构化系列，或一种预期教育结果的重新结构化序列。五是"计划"说。课程是一种学习计划，或学生在教师指导下经历的所有经验的一种计划，抑或教师指导学生获得全部教育经验（含种族经验和个体经验）的计划。六是"经验"说。课程是学生在教师指导下获得的所有经验，或受教育者在走向社会之前的过程中所经历的全部经验。

"课程定义因研究者或实践者在其课程思考和工作中对概念的使用而有所不同，因此，没有超出特定的研究、论文、看法或值得讨论的政策文件等背景之外的特殊地给课程下定义的方式。"② 不同的视角赋予课程不同的定义。以"文化"的角度来观照"课程"，是一种整合型的思路。

从根本上来看，课程源于人的学习需要。"自然只完成了人的一半，另一半留给人自己去完成。"③ 人不是已经预成的存在，而是持续生成的存在，需要不断学习以求得生存和发展。"人者，爪牙不足以供守卫，肌肤不足以自捍御，趋走不足以从利逃害，无毛羽以御寒暑。"④ 但是，人类文化恰好可以弥补人的生物性之不足。从历史形成的种植和畜牧文化到当下的各种新型文化，都是人类得以生存的强大的工具体系。兰德曼（Landmann）总结说："不仅个体文化成就的可能性，而且被继承下来的客观文化的潮流，都会弥补人与动物相比较而似乎具有的'缺陷'。"⑤ 同

① ［美］威廉·F. 派纳等：《理解课程：历史与当代课程话语研究导论》，张华等译，25页，北京，教育科学出版社，2003。

② ［瑞典］胡森、［德］波斯特尔斯威特：《简明国际教育百科全书·课程》，江山野主编译，65页，北京，教育科学出版社，1991。

③ ［德］迈克尔·兰德曼：《哲学人类学》第2版，阎嘉译，7页，贵阳，贵州人民出版社，2006。

④ 王力波：《列子译注》，188页，哈尔滨，黑龙江人民出版社，2003。

⑤ ［德］迈克尔·兰德曼：《哲学人类学》第2版，阎嘉译，206～207页，贵阳，贵州人民出版社，2006。

时，人之为人，"我们都需要领略辉煌，使我们的心灵升华，感受超越自我的伟大以及人生的无限可能"①，需要生活得更有意义与价值，而文化正是人得以发展的丰富的意义支撑。文化所蕴含的真、善、美的特质，能够引导人摆脱原初的愚钝和粗陋，克服人性中的野蛮和残缺，超越世俗的浅薄和功利，使人的学识得以增进、德性得以锤炼、境界得以提升，使人不断从已有、已知、已达到的层面，向未有、未知、未达到的层面跃迁。

在一定意义上，所谓"人生"，乃是一个不断"文化成人"的动态过程。但是，文化浩瀚无边，人却身心有限。如何从浩瀚无边的文化世界中"选择"出适合学习者学习的文化，并想方设法将这些人类共同经验"转化"为学习者的个体经验？这成就了"课程"的"历史使命"。课程需要实现"文化选择"和"经验转化"的双重机制，从而解决"文化的无限性"与"人的有限性"之间的矛盾，"课程的创生与发展，起源于人的学习需要，终于人的学习实现"②。"文化选择"和"经验转化"，赋予课程"文化本性"。

从"文化"的角度来看待"课程"，不同的课程定义分别揭示了"课程"的不同侧面。课程的"文化"本性决定着课程必须实现"文化选择"和"经验转化"，这就必然内蕴着预先设计、目标、内容、过程和结果等多重要素，同时外显为这些要素之间的动态融合和平衡共生。这些要素及其动态共生，都以满足人的学习需要为根本价值诉求。如果仅仅突出其中的一个要素并希望通过一个要素去整体性地界定课程，势必困难重重；如果仅仅以静态的眼光看待并规定课程，往往成效不彰；如果仅仅以"教"为取向并僭越"学"的需要，更是舍本求末。

基于文化立场，课程实质上是学习者的一种学习生命存在及其优化活动。具体而言，课程具有六个特征：其一，学习性。课程需要完成一定人类经验向个体经验的转化，这是一个"学习"的过程。这种"学习"不是个体简单机械地将人类经验复制到自己的头脑之中，而是个体调动

---

① ［英］查尔斯·汉迪：《饥饿的灵魂》，刘海明、张建新译，89 页，上海，上海三联书店，1999。

② 黄甫全：《现代课程与教学论》第 2 版，65 页，北京，人民教育出版社，2011。

自己的已有经验、理解能力、情绪情感等对人类经验进行内化和再创造的过程。其二，过程性。课程不再仅仅是静态预设的内容文本，更体现为动态生成的学习过程。其三，选择性。学习"一定"的内容，意味着人们需要从浩瀚无边的文化中有效"选择"出一些学习内容。其四，目的性。课程这一学习过程的展开，其目的是使人经由"向文而化"而不断"成人"。其五，计划性。为了实现不断"成人"的目的，需要精心设计与组织学习的过程及其所关涉的各种要素。其六，结果性。课程最终要在个体身上产生各种学习结果，以预期或非预期的知识获得、能力提升和经验生成等方式表现出来。

通常来说，人们会从自己的立场出发去理解课程的概念，进而表达课程的定义，这往往意味着自身课程意识的成熟。然而，对课程的定义，在结构层面从仅重视预先设计、目标、内容、过程和结果等单一要素的"单向度认识"走向关注多重要素的"整体把握"，在过程层面从对课程的"静态规定"走向"动态观照"，在价值层面从追求"以教为本"走向"以学为本"，是一种必然的趋势。

第二节 "微型"解析

"微"，既有"细小"的意思，又有"精深奥妙"的含义，代表着简洁、快速、浓缩和高效。[①] "型"，指"类型"和"模型"。[②] "微"与"型"连用，指称"微"类别的事物形态。微型课程的"微"，包括"小"微、"细"微、"精"微和"缩"微这四重意蕴，分别关涉课程的长度、宽度、深度和完整度。

一、"小"微

就课程长度而言，微型课程的持续时间短。微型课程包括单次的课

---

① 中国社会科学院语言研究所词典编辑室：《现代汉语词典》第 6 版，1350 页，北京，商务印书馆，2012。
② 中国社会科学院语言研究所词典编辑室：《现代汉语词典》第 6 版，1459 页，北京，商务印书馆，2012。

程及多次课程组成的有逻辑的课程系列。单次课程应持续多久，具体看法有所不同，或认为是一节课到半天不等，或认为是十几分钟，或认为不能超过 10 分钟、8 分钟甚至 60 秒。课程系列的周期也相对较短，一般认为不宜超过一两个月。

"小"微的课程，非常灵活，不会过多地受时间、地点、学科体系和教材等限制。围绕某一主题，依据学生的学习需要，师生可以灵活进行课程设置、拟定课程目标、择取课程内容、选用课程资源、开发教学方式、安排教学时间并确定评价策略。

而且，"小"微的课程，更新及时，有助于突破相对稳定而保守的课程传统，真正做到课程内容与时俱进、动态更新。比如，新的时代精神，国际形势中出现的一些重大问题，国内社会发展的成就，新兴学科的新成果以及尚未形成完整结构体系的一些新知识、新动态，要成为长期性的国家课程内容，往往需要经过很长时间的筛选和淘汰。但是，微型课程以"短平快"的优势，能够及时将这些内容纳入课程内容，成为学生的学习内容。

二、"细"微

《老子》言："少则得，多则惑。"就课程宽度而言，微型课程具有目标与内容等切分"细"的特点。有别于目标多维、内容庞杂的课程，微型课程追求"细"颗粒度的目标和内容，聚焦于解决某个特定问题，目标明确，任务集中。

微型课程起源于微格教学，已显露这一端倪。微格教学是把教学技能"分解"为"一小格一小格的片段"，分门别类地加以训练，从而让已经是或准备成为教师的人有可能掌握纷繁复杂的教学技能。

三、"精"微

微型课程不以"小"与"细"而自轻，强调深度开发，做到精心规划、精深挖掘、精选内容，力争达到短小精致、设计精妙之境。比如，无论开发何种形式的微型课程，都需要立足于对教育、课程、教学与学习原理的把握，深入思考在非常有限的时间内如何充分激发学习者的兴趣，促进学习者的理解，启发学习者的思维，加强学习者的记忆，进而产生积极、有效、持续和可迁移的学习效果。

精微也意味着精炼，即少而精，不是多而杂，以质取胜，不以量取胜。被称为"一分钟教授"的彭罗斯发现，一分钟课程产生的"知识脉冲"（knowledge burst），在一定的习题作业或讨论活动支持下，能够取得与传统长时间授课相同的教学效果。①

四、"缩"微

从课程完整度来看，微型课程虽是缩小为微型的课程，但仍应具备课程属性，需要包含必要的课程要素，如目标、内容、学习活动和评估等。为了促使学习的有效发生，还要注重提供学习支持（参见图 2-1）。

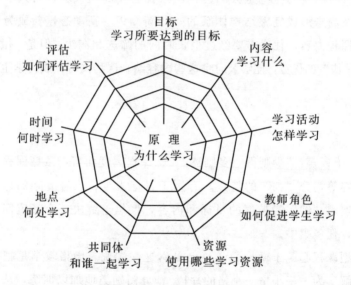

图 2-1 课程要素示意图

资料来源：Prof. Jan van den Akker 于 2016 年 6 月 28 日在华南师范大学的讲座 "International Trends in Curriculum for the Future"。略有改动。

---

① David Shieh, "These Lectures are Gone in 60 Seconds," The Chronicle of Higher Education (Information Technology section), 2009（26），pp. A1，A13.

第三节 "微型课程"解析

近年来，出现了"微课""微课程""微课堂"和"校本微型课程"等概念，辨析其视角、出发点和特点等方面的差异，有利于深入理解"微型课程"。

一、微课

通常认为，广东省佛山市教育局针对当时教育信息资源利用率低的问题，于 2010 年在国内率先提出"微课"概念。[①] 在教育信息化发展过程中，基于单元或课时（40～45 分钟）为主的"大而全"资源建设模式一直占据主导，已显现出资源建设与应用脱节、更新缓慢、交互性差、颗粒度大和应用效率低下等诸多弊端，"反思和修正"这一模式，"微课"得以产生。微课是指按照新课程标准及教学实践要求，以教学视频为主要载体，反映教师就某个知识点或教学环节开展课堂教学活动的各种资源的有机组合。微课的核心组成部分是课堂教学视频（课例片段），另包含与该教学主题相关的教学设计、素材课件、练习测试和教学反思等辅助性资源。

从成因来看，微课主要是作为新的资源建设方式和教学资源类型，其优点是以视频为主要载体或呈现方式，并统整一系列相关的教学资源，使以往各自独立建设与应用的教学设计、课件和试题等多种资源之间产生了较为紧密的关联，提高了资源的利用效率。最初的微课建设，教学视频的来源途径单一，主要是来自对大量已有教学录像课例的切片加工改造，或直接在课室、实验室等真实课堂情景中拍摄某一教学片段。这些教学视频本身缺乏微课的教学设计理念和策略，虽然短小但不精悍。

后来，人们在已有微课的形态上增加了多种形式的互动、评论、反馈等活动环节。微课不再是静态的资源，而力争发展为简短、完整的

---

① 胡铁生、黄明燕、李民：《我国微课发展的三个阶段及其启示》，载《远程教育杂志》，2013（4）。

"教学过程"或"教学活动",既涵盖了"微视频"及相配套的"微教案""微练习"和"微课件"等预设资源,还有了教师本人的"微反思"、用户大众的"微点评"和用户学习后的"微反馈"等生成性或扩展性资源。

二、微课程

在很多情况下,"微课"被视为"微课程"的简称。虽然两者在知识的遴选、载体、传播与技术等方面具有相似之处,但其产生与实质并不相同。微课主要是数字化学习资源包,而微课程则既有静态的教学资源,也有动态的课程实施;既有教师的知识阐释环节,也有学生的意义建构过程。微课仅是微课程之"课"的内容资源,尚不具备微课程的"内容＋实施"之"课程"属性。将两者混同,是一种"重课轻程"或"有课无程"的认知偏见。① 从根本上来说,正是在反思与改进微课不足的过程中,"微课程"这一概念得以凸显。事实上,人们在发展微课的过程中也意识到了这一问题,因而提出从"资源定位"走向"活动定位"。

三、微课堂

微课堂发端于 20 世纪八九十年代的"长短课"课时改革,一节长课一般为 40～45 分钟;短课时间则各校有所不同,30 分钟、25 分钟或更短皆有之。长短课交替进行,意在保护中小学生的"身体健康"②,也解决了普遍存在的课时相对利用率不高等问题,并鼓励教师开展短课研究以提高自身水平和保证短课教学质量。③ 进入微时代以后,不少学校以"微课堂"命名这一类短课,如阅读微课堂等。

当下,"微课堂"也指基于信息通信技术在网络上形成的以"课程小组"为中心的互动学习社区,或指云教学智能系统等。这些指称突出的是微课堂的"在线"特质,与自主学习、个性化学习、按需学习、合作学习、移动学习、远程学习和泛在学习等紧密相关。

---

① 余宏亮:《微课程意涵三重判读》,载《课程·教材·教法》,2015 (5)。
② 周立:《教学要保护和促进学生身心健康的成长》,载《中国教育学会通讯》,1981 (4)。
③ 郭利萍:《善把课时巧剪裁》,载《课程·教材·教法》,1999 (3)。

四、校本微型课程

面对大规模、全校性校本课程的开发耗时长且难度大等问题，为了有效培养师范生及在职教师的课程开发能力，2007 年华南师范大学课程与教学论团队提出了"校本微型课程"的概念。自此，在每年都开设的"课程与教学论实验"中，任课教师与学生共同开发了较为丰富的校本微型课程。

"校本微型课程"指由一个班级的任教教师根据所在班级学生的具体学习需要，带领学生开发出来的持续时间从半小时到半天不等的"班级层面"的"小型"校本课程，可用于解决学生的学科课程学习困难和拓展学生的学科课程学习兴趣，也可用于教师解决班级管理中的困难或升华班级管理成效与艺术。① 这种微型课程，在一定程度上促进了校本课程在内涵上的深化、在样态上的丰富以及在形式上的创新。

五、作为总称的微型课程

微型课程是世界许多国家和地区课程领域兴起的一种发展趋势，正在受到越来越多的关注。在我国，经过多年探索，微型课程已成为一个中国化的本土课程术语。微型课程，是主题集中、能够灵活满足学生学习需要、及时反映时代发展动态的一类课程形态，是"微课""微课程""微课堂"和"校本微型课程"等概念的总称（参见表 2-1），具有"小"微、"细"微、"精"微和"缩"微四种特性。可以预见，在校本化视角与信息化视角下将分别孕育出更为多样的微型课程亚形态，而且在两种视角交融整合的过程中，将创生出更为新颖的微型课程亚形态。微型课程虽然形态"微小"，但是作用"强大"，包括在课程安排上有更多的变化，可充分利用与发挥每位教师的能力和专长，为课程改革与创新提供更多方向，为学生提供更多选择和投入的机会以及扩大社区的参与度等 50 余种作用。② "微"并不是微型课程的目标，而是其体现优教促学价值的方式。

---

① 曾文婕：《微型课程：校本课程开发的新方向》，载《教育科学研究》，2009（2）。

② ［瑞典］胡森、［德］波斯特尔斯威特：《简明国际教育百科全书·课程》，江山野主编译，47~48 页，北京，教育科学出版社，1991。

表 2-1　作为总称的微型课程

	信息化视角		校本化视角/信息化视角	校本化视角
	微课	微课程	微课堂	校本微型课程
缘起	克服过去的教育信息化资源建设模式老旧而导致的诸多弊端，探索便于应用的资源类型	针对微课"重课轻程"或"有课无程"的不足，强调"内容＋实施"的"课程"属性	着眼于保护中小学生的身体健康，解决普遍存在的课时相对利用率不高等问题；因应自主学习、个性化学习和泛在学习等诉求	提升教师的课程开发能力，缓解教师的课程开发焦虑，让学校的课程开发得以成功
特点	以微视频为主，前期强调切片处理已有教学录像，定位为"资源"，后期力图关注资源的应用，期望定位为"活动"	以微视频为主，既有静态的教学资源，也有动态的课程实施；既有教师的知识阐释环节，也有学生的意义建构过程	缩小学校一节课的时长以便长短课交错并行；形成"在线"的互动学习社区	校本课程开发微型化，通过微型化的课程开发，彰显学校课程成效与品质
地点	线上为主	线上为主	线下为主/线上为主	线下为主
时长	"1～10分钟/次"居多		"10分钟～半天/次"居多	

第三章　微型课程的基础

微型课程的基础，几乎涉及人类全部活动及知识领域，主要有历史、哲学、科学、心理学、文化及社会等，它们对微型课程的形成与发展产生过并将继续产生奠基作用。值得一提的是，教育领域中理论与实践割裂的现象比比皆是，人们经常埋怨"理论脱离实践"，却对"实践疏远理论"的问题浑然不觉或加以悬置，在微型课程领域亦是如此。当下，微型课程案例随处可见，但理论基础的缺失或不足使大量课程难以切中问题实质和发挥优教促学的功能，只能流于形式、成效不彰。当下，微型课程的开发尤其需要体现出对理论基础的充分重视、深入挖掘和灵活运用，强化理论对课程开发的支撑和引领作用。

第一节　微型课程的历史基础

养成深厚的历史感，立足于已有的课程历史积淀进行创新，有助于微型课程取得长足发展。

一、课程理论研究

经典的课程理论能够为人们提供独特的课程视野，赋予人们解决课程问题的"知识背景"和"思考方式"。基于此，人们可以更好地把握微型课程领域中纷繁复杂的各种要素及其关系。未能接触经典的课程理论，往往导致理解的贫乏与解释的无力，不知道课程发展的来龙去脉，缺乏通观课程全局的视野和能力。

从我国的孔子、孟子、荀子和朱熹等，到西方的柏拉图（Platon）、亚里士多德（Aristotle）、夸美纽斯（Comenius）和赫尔巴特（Herbart）等，都关注过课程问题。一般认为，美国学者博比特（Bobbitt）1918 年出版的《课程》（*The Curriculum*）一书，是教育史上第一本课程理论专著，标志着课程作为专门研究领域的诞生。发展至今，课程领域已经形成了丰富的课程理论。悬空课程理论、整合课程理论和泰勒（Tyler）课程理论等是微型课程的直接理论基础。

艾斯纳（Eisner）说："阐述并不存在的课程，是一件包含着自相矛盾的事情。然而当我们涉及学校计划的排列的时候，我就意识到要建议大家，不仅应该考虑学校里显性和隐性的课程，而且也应该考虑学校没有教什么。我的意思是，学校没有教的与已经教的一样重要。"① 艾斯纳认为，相对于学校内实实在在存在的"实有课程"而言，还有一种课程应当受到重视，即悬空课程（null curriculum，亦译"空白课程"和"空无课程"），指学校课程中所缺乏的、"应有"而"实无"的、"应教"而"未教"的、"应学"而"未学"的课程。悬空课程理论启发人们从"正向"和"反向"两个方面来思考课程问题，不仅考虑课程"有了什么"及其影响，而且考虑课程"缺少了哪些"学习者身心发展所必需的内容或形式以及这种缺少产生了什么影响。在很大程度上可以说，微型课程的出现和存在就是为了弥补学校中缺失的悬空课程。

整合课程（integrated curriculum，亦译"综合课程"），是采用各种有机整合的形式，使学校教学系统中分化了的各要素及其各成分之间形成有机联系的课程。首先，整合课程超越了学科课程。它克服了学科课程分科过细的缺点，打破原有学科间的界限，将过去条块分割的知识融为一体。其次，整合课程超越了学生中心课程。它克服了学生中心课程主张一切从学生出发的偏激立场，明确强调课程的社会价值与本体价值相整合。整合课程主要表现出五个层面的整合：一是相邻知识系列的整合。例如，代数、几何和三角等知识系列的整合。二是性质相近学科的整合。例如，历史、地理和道德等整合形成"社会科"。三是人文、自然和社会学科的整合。例如，为了理顺和帮助人类正确理解人、社会、科

---

① Elliot Eisner, *The Educational Imagination*：*On the Design and Evaluation of School Programs*，New York，MacMillan Publishing Company，1984，p. 97.

学和技术之间的价值与非价值、正功能与负功能、意义的确定性与不确定性共存的复杂关系，人们便整合出"STS"（Science，Technology & Society）课程。四是文化的整合。整合课程着力构建课程的开放与选择相统一的机制，从而保证新知识能及时进入课程与已有知识形成有机整体，实现教育内容变化与文化发展之间的整合。五是学生与文化的整合。整合课程追求的最高理想，就是实现学生与文化的整合，让课程成为学生自由和谐发展的优化的环境、土壤和养料。① 发挥微型课程促进学校课程整合的作用，是很有前景的一个生长点。

被誉为现代课程理论之父的泰勒提出，如果从事课程开发活动，就必须回答以下四个问题②：学校应该达到哪些教育目标？如何选择可能有助于达到这些目标的学习经验？如何为有效的教学组织学习经验？如何评价学习经验的有效性？以上四个问题，又被看作课程开发的四个步骤或阶段，即确定目标、选择经验、组织经验、评价结果。泰勒特别指出，不能以单向的、线性的方式来运用这一程序。比如，在组织经验的时候，常常会促使人们重新考察其他三个问题或步骤的处理是否恰当。换言之，这四个问题或步骤是"循环程序"的一部分，而不是"线性程序"的一部分。③ 虽然人们还提出了许多课程开发的理论，但影响最大的和应用最广的当属泰勒原理或称泰勒模式。因此，以上四个问题也是微型课程开发必须直面和有效解决的问题。

泰勒对以上四步中的核心术语"学习经验"（learning experience）有着深刻理解。他认为，"学习经验"不等同于"一门学程所涉及的内容"，也不等同于"教师所从事的各种活动"，而是指"学习者与他能做出反应的环境中的外部条件之间的相互作用"。经验涉及学生与其环境的相互作用。这就意味着，学生是一个主动参与者，学生所处环境中的某些特征

---

① 黄甫全：《整合课程与课程整合论》，载《课程·教材·教法》，1996（10）。

② ［美］拉尔夫·W. 泰勒：《课程与教学的基本原理》，施良方译，1～100 页，北京，人民教育出版社，1994。这四个问题的相应英文为：What educational purposes should the school seek to attain? How can learning experiences be selected which are likely to be useful in attaining these objectives? How can learning experiences be organized for effective instruction? How can the effectiveness of learning experiences be evaluated?

③ ［美］拉尔夫·W. 泰勒：《课程与教学的基本原理》，施良方译，161～162 页，北京，人民教育出版社，1994。

吸引着他的注意力，学生所做的正是对这些特征的反应。因此，教师可以通过安排环境和构建情境向学生提供教育经验，以激发所期望的那类反应。也就是说，教师必须对学生已有的各种兴趣和背景有一定的了解，以便能对某种特定情境引起学生反应的可能性，进而能对引起理想的学习所必不可少的那种反应的可能性做出某种预测。这种理论并没有因为它认为学生本人的反应将决定他会学到些什么，而轻视教师的责任。然而，这种理论确实强调，教师控制学习经验的方法，是通过构建情境（会引发学生做出所期望的那种行为的情境）的方式来控制环境。必须注意的是，即使外部条件看来是相同的，但是同班的每一个学生仍然可能具有不同的经验。这就要求教师要构建多方面的情境，以便有可能引发全体学生产生所期望的经验；或者教师要使经验多样化，以便提供对班上的每一个学生都可能有重要意义的经验。[①] 由此可见，如何加强对学习者活动情境、活动协同、活动任务、活动展示和活动反思等的设计，让学习者更好地生成经验，都是微型课程很值得进一步探讨的课题。

基于泰勒的课程理论，经验中心（experience-centered）课程设计得以凸显。经验中心课程设计与学生中心课程设计十分相似，但也有所不同。它认为人们不能预见学生的需要，因此不能为所有学生设计一种课程框架。经验中心课程设计的拥护者十分强调学生的兴趣、创造力和自主性，教师的任务就是创造一种能够刺激和引发学习的环境，让学生在其中开展探究、与知识进行直接接触并观察他人的学习和行为。学习也是一种社会行为，其本质是学生设计自己的学习，通过直接参与及观察活动建构和修正自己的知识。经验中心课程设计的支持者认为，每个学生都是独一无二的而且有能力的，开放而自由的环境将使学生更加优秀，使学生能够自我激励。因此，课程开发者的工作是为学生提供机会，而不是告诉学生做出行为。但是，这并不意味着让学生随意"漂流"，而是教师为学生设计潜在经验，学生被赋权在教师设定的环境中开展自己的学习。

另外，还有一些理论也能够推动微型课程的发展与创新，这有待人

---

① ［美］拉尔夫·W. 泰勒：《课程与教学的基本原理》，施良方译，49~50 页，北京，人民教育出版社，1994。

们进一步去研究。经由理论作为媒介，能够深化对微型课程现实状况的理解，可以在吸取课程历史经验与教训的基础上明辨微型课程变革的未来方向，进而在把握已有课程理论精华的基础上提出新的更富生命力的微型课程理论观点，并指引与改进课程实践。

二、课程实践积淀

随着中西方历史变更，课程不断进行着变化与调整，从而形成了丰富而悠久的课程史。这不仅包含课程理论的历史，也包含课程实践的历史。一个新事物往往孕育于过去的事物之中，微型课程亦不例外。

主题班会可以被视为微型课程的雏形之一。比如，"如何树立正确的爱情观"这样的主题班会，就是为了预防男女同学过早恋爱，促使其进行健康和适度的交往而开设的；"善待挫折"，是为了防止学生遭遇挫折便自暴自弃，使学生了解挫折在人生路上的不可避免性，掌握对待挫折的正确方法而开设的；"诚信——从我做起"，是为了避免学生出现不诚信的行为，使学生对"诚信"有更加深刻的认识而开设的。当然，也有一些主题班会"蜕变"为教师对学生的说教，"演变"为学生的文娱表演，"形式化"为学生喊口号表决心、集体签名宣誓等。这无疑淡化了教育的价值，偏离了教育的主题，与微型课程的诉求相背离，今后的微型课程开发应当警醒。主题班会主要着眼于学生思想品德熏陶和行为习惯培养，选题基本聚焦于德育领域，由班主任牵头组织。相形之下，微型课程的涵盖范围更广，不仅局限在德育方面，学生成长过程中出现的方方面面的状况、倾向与问题，都可以成为教师设计与实施微型课程的主题。比如，针对语文、数学、英语等各学科学生学习等具体情况，各任课教师可以且应当开发微型课程对学生施以教育影响。

在学科拓展方面，历史上不少教师也做出过探索。而且，有的教师不限于在国家课程的课堂适当补充一些内容，而是借专门契机开发出相应的课程来，这就具备了微型课程的一些特质。比如，在学习《大明湖》的过程中，教师发现班里学生对课文中的对联表现出极大兴趣，便顺势延伸升华，设计并实施了"走进对联王国"的微型课程。教师引导学生欣赏"数字联""同音联""回文联""缺字联"，分享苏东坡与佛印"对哑联"等趣事，"遍访"名山大川的对联，同时创设情境鼓励学生大展身手创作对联。根据学生具体学习需要因势利导开发出的微型课程，不着痕迹地引领学生感受了传统文化的魅力，激发了学生对传统文化的热爱，提升了学生的传统文化素养。

此外，近年来我国教育部教育管理信息中心及多个省市都在推动微型课程的建设，各个级别各种类型的微课征集、竞赛评选、教学大赛、应用推广等活动呈迅猛之势。微课作品覆盖了多学科多学段的重难点内容，类型多样、表现形式丰富。

过去长期存在的主题班会和学科拓展活动以及新近积累起来的微课资源库，都是历史上课程实践的智慧积淀。挖掘和继承这些实践智慧并予以创新，可以有力推动微型课程的发展。

第二节　微型课程的哲学基础

课程的基本问题，是人的问题、知识问题和价值问题等，哲学则是关于这些问题的人类智慧结晶。微型课程的理论探究与改革实践，要以哲学为基础之一。

一、哲学的发展

在我国，哲学的"哲"源自"知"和"词"，乃"意内而言外也"[1]；"学"即"学问"和"学科"。哲学是一种专门的学问和学科。中国哲学丰富而多样，历史上至少有先秦的"诸子之学"、魏晋的"玄学"、宋明清的"道学""理学""义理之学"以及现当代的"中国式马克思主义哲学及毛泽东哲学"等。中国哲学博大精深，包括的基本领域有"本体论、人生论、价值论、认识论和方法论"[2]。20世纪80年代以来，我国的教育哲学开始进入了创生不同流派的时期，教学认识论、"生命—实践"教育学、科学人文主义教育以及"超越"教育学等，已经孕育萌生并初具雏形。

---

① （汉）许慎：《说文解字（附检字）》，32、110、186页，北京，中华书局，1963。
② 冯达文、郭齐勇：《新编中国哲学史（下册）》，393页，北京，人民出版社，2004。

在英文中，哲学为"philosophy"，来自希腊语的"philo"（热爱）和"sophos"（智慧），原意为"热爱智慧"和"追求知识"。西方教育哲学，基本源自观念论、实在论、实用主义和存在主义等。西方公认的四种教育哲学是"永恒主义、要素主义、进步主义和改造主义，其中每一种都根源于四种主要哲学传统的一种或多种"①。它们每一种都有丰富的内涵，也都具备思维品质的六个基本特征："清晰""与事实一致""与经验一致""与其他信念一致""效用"及"简单"。

在美国，永恒主义和要素主义一般被归为传统教育哲学，而进步主义和改造主义则相对地被归为当代教育哲学。这些哲学有着不同甚至对立的观点。在社会与教育的关系上，前者主张"社会取向"，而后者主张"个人取向"。在知识和学习方面，前者突出"内容为本"，而后者则主张"师生合作"。在教学特征上，前者强调教学的统一性，而后者则倡导教学的多样性。在教育目的和方案上，前者追求卓越性，而后者则关怀大众需要。

"哲学在过去已经走进了有关课程和教学的每一个重大决策，而且将来仍然是每一个重大决策的依据。"② 教育行政部门和每所学校，每位课程工作者、校长和教师，几乎没有只选择或只持有一种哲学的，实际上大都结合了多种哲学。哲学基础的研究与发展，对课程有着至关重要的作用。建构与发展微型课程的哲学基础，应当研究中国教育与课程哲学思想以及课程哲学流派、西方教育与课程哲学新进展等课题，并积极创生新的课程哲学思想。当下，后现代主义和"儿童即研究者"的哲学思潮值得关注。

二、后现代主义思潮

人们对现代化负效应的反思批判，催生了各种后现代主义。20 世纪70 年代以来，欧美逐步孕育起了后现代主义（postmodernism）思潮。后

---

① Allan Ornstein & Francis Hunkins, *Curriculum*: *Foundations*, *Principles*, *and Issues*, 4th ed, Boston, Pearson, 2004, p. 36.

② Levi Thomas Hopkins, *Interaction*: *The Democratic Process*, Boston, D. C. Heath, 1941, p. 198.

现代主义反对把人的本质理性化和抽象化，反对至高无上的理性主体，认为理性是重要的，但不是至上的，它只不过是谋求人的幸福的工具。[①]后现代主义指出，现实生活世界的意义和价值，是人在亲身经验和体验中主动建构起来的。人们是以共同的历史为背景参与到彼此之间的活动和对话之中，通过多重解释和转换而寻求或创造意义与价值。

据此，派纳（Pinar）和多尔（Doll）等人提出了后现代主义课程哲学。课程就是为了人们通过历史性的体验和反思，寻找和安置好自己在社会变化潮流之中的位置而创生与存在的。它允许学生和教师在会谈和对话之中，创造比现有课程结构更为复杂和更有价值的课目秩序与结构。从深层次上来看，过去的课程是封闭性的，现在需要建构其开放性，它让人们探索并尊重彼此的思想和存在感，认可并尊重他人的他性（other's otherness）。后现代课程有四个基本特点，即丰富性（rich）、回归性（recursive）、关联性（relational）和严密性（rigorous），简称"4R"。课程的丰富性来自它的开放性和假设性，为合作性对话探索提供了多重领域。回归性像布鲁纳（Bruner）的螺旋型课程概念一样，一种丰富的课程产生于对自身进行反思所带来的丰富性和复杂性之中，而且为经验和体验的反思性再组、重构和转换提供了机会。关联性指的是对观点、意义和价值之间联系的不断寻求，并考虑历史和文化背景与关系感知方式之间的联系。严密性是对可供选择的关联和联系的有目的的寻求。

三、"儿童即研究者"思潮

受人类赋权和解放运动、儿童权利运动、当代儿童观和新童年社会学的推动，近年来人们开始认识到，作为未成年个体的儿童，不再被动地依赖于成人而存在，而是作为积极的社会角色对其生活的环境施加影响，"儿童即研究者"的思潮逐渐兴起。概括来说，"儿童即研究者"的五大基本主张是承认儿童的积极社会角色；认可儿童在研究中的参与、合作乃至领导地位；以儿童的个体生活及广泛的社会生活为研究内容；

---

① 曲萌：《马克思主义哲学与后现代主义》，载《新华文摘》，1996（2）。

采用儿童适用的研究方法；旨在凭借知识的社会建构而实现儿童解放。①

　　课程在目标、内容、方式和时空等安排上，要为儿童做研究提供支持。例如，开设专门的研究培训课程、支持儿童在小组学习时间内开展研究、为儿童搜集研究资料提供便利的场所等。"儿童即研究者"思潮的出现，无疑是社会民主进程中的一个巨大进步。在世界范围内，越来越多的研究人员和社会组织开始投身其中。一个在欧洲七国开展的"欧洲小学儿童作为研究者"项目（Children as Researchers in Primary Schools in Europe），以大学为中心，为小学提供儿童研究训练和支持儿童的研究项目。在澳洲和亚洲等地也出现了以社会公平、文化融合、社会参与为目的的支持儿童开展的研究。这些研究的组织者，有大学研究机构，也有"联合国开发计划署"等国际组织。这一思潮为微型课程的进一步创新提供了深层次的启示。

第三节　微型课程的科学基础

　　自然科学取得的众多成就，科学技术的迅猛革新，都已经成为课程发展的重要基础。近代以来，科学的发展深刻影响了课程的研制范式、内容选择和评价方式等。近年来兴起的教育神经科学，是课程发展值得关注的新基础。

一、科学调查方法

　　课程研制的科学范式，倾向于采用科学化和实证化的方法进行课程研制，追求课程目标和评价检测的精确性和可操作性。问卷和访谈等多种调查方法及分析技术日新月异的发展，为更加科学地进行课程开发提供了可能。因此，有必要掌握经典和新兴的一系列科学调查方法，用于调研学生的课程需求以及测评微型课程的学习效果等。这样，不仅能够开发出微型课程，而且可以通过科学调查方法分析出学习者学到了什么以及应该如何改进课程。然而，这正是目前我国课程开发较为缺乏的。

---

① 席小莉、黄甫全：《儿童作为研究者：一种新兴的研究取向》，载《教育发展研究》，2012（24）。

在一定意义上，中国自先秦思想源头上便较为缺乏古希腊那样注重逻辑思辨和实验检验的理性学术传统，继而在长达两千余年的封建时代，自然科学研究又遭受着儒教经学的沉重压制和排斥，酿成了科学精神欠缺的文化渊源。① 近代以来，新文化运动所倡导的科学化进程，又为紧迫的民族救亡和阶级革命让路而长期处于停滞状态，直到 20 世纪 70 年代末期方被重新开启。应该看到，当代中国文化缺乏科学传统，缺乏科学精神、科学知识和科学方法。② 中国课程的科学化，在传统文化的限定下刚刚起步，因此在当前乃至今后相当长的时期内，面临的主要课题不是批判、限制和纠偏的问题，而是如何建构和发展科学基础的问题。

二、教育神经科学

教育神经科学是将神经科学、心理学、教育学等整合起来，研究人类教育现象及其一般规律的新兴交叉学科。美国、英国、荷兰、日本、加拿大、新加坡等国的政府都投入巨资来发展这一学科。该学科重视从生理层面揭示学习心理活动的特点与规律，为课程理论研究与实践开发开辟了新的视野。

学生的学习活动一直受到人们的重视，但当下的课程中仍存在一些不符合人脑学习规律的做法。③ 教育神经科学在脑结构及功能与学习机制研究、脑可塑性与敏感期研究、环境与脑学习机制研究、阅读能力与脑学习机制研究、数学能力与脑学习机制研究等方面都已取得不少成果，有待人们充分关注。如何根据学生大脑与认知发展规律来创设课程环境、组织课程内容、评估学生学习能力、诊断学生学习困难，情绪情感在不同学习领域究竟产生着什么样的具体影响等问题，都应当得到进一步研究。

需要注意的是，当前存在运用"神经教育科学"名义传播错误知识的状况，而且某些课程产品与服务夸大了其在儿童大脑开发方面的作用。

---

① 夏劲、张弘政：《近代以来中国现代化运动中科学精神缺失的文化视角探析》，载《自然辩证法通讯》，2005（4）。

② 罗传芳：《"中国传统文化座谈会"综述》，载《哲学研究》，2001（1）。

③ 周加仙：《教育神经科学：学科建制与教育创新》，序 2～3 页，北京，教育科学出版社，2016。

因此，形成批判意识，鉴别出真正优质的教育神经科学研究成果，合理运用相应知识，也尤为重要。

第四节　微型课程的心理学基础

"心理学为理解教的过程和学的过程提供了基础。而这两个过程对于课程工作者来说都是必要的，因为只有当学生学习并理解了课程，获得知识及其应用能力后，课程才具有真正的价值。"[1] 18 世纪，裴斯泰洛齐（Pestalozzi）首倡教育心理学化；19 世纪，赫尔巴特及其弟子在理论和实践上将教学心理学化；到了 20 世纪，杜威（Dewey）及其追随者进一步将课程与教材心理学化。在课程领域，心理学一直对人们的思想和行动产生着影响，在当代甚至在很大程度上决定着课程质量的高低。当下心理学的发展日新月异，涌现出许多新兴的学习理论，如深度学习理论与变构学习理论等。跟踪这些前沿研究成果并分析其对课程理论与实践的启示，是强化微型课程心理学基础的重要课题。就目前的发展而言，学习动机理论、认知负荷理论、学习理解理论、深度学习理论和网络化课目教学知识理论已经成为微型课程的直接理论基础。

一、学习动机理论

针对过去常见的学习动机理论主要关注学习动机内涵与类型的抽象界定，凯勒（Keller）聚焦于分析学习动机的生成机制并据此提出适切的课程与教学策略。他认为，学习动机的生成依赖于注意（attention）、相关（relevance）、自信（confidence）和满意（satisfaction）这四个既具有层次递进性又高度相关的动机过程。相应地，教师需要精心设计课程，利用适当的教学策略以支持学习者学习动机的生成与维持。

具体而言，"注意"是指学习者能够对学习内容进行有意识的选择性注意，对学习目标与内容具有探究的兴趣与愿望；"相关"是指学习目标和学习内容符合学习者的需求，符合学习者当前认知结构和认知发展水

---

① Allan Ornstein & Francis Hunkins, *Curriculum: Foundations, Principles, and Issues*, 4th ed, Boston, Pearson, 2004, p. 99.

平，能够与学习者已有经验相联系，对于学习者的未来发展存在一定的价值；"自信"是指学习者对于自己所要达成的学习目标、所面对的学习情境具有相应的知识经验准备，学习者明确掌握了评价标准，具备达成预期学习目标的信念；"满意"是指学习结果符合学习者的期望并且产生积极的作用。① 无论是单次的微型课程还是一系列微型课程构成的课程体系，无论是何种表现形式的微型课程，其目标设计、内容选择、实施和呈现方式等都可以从中得到启示。

二、认知负荷理论

认知负荷理论（cognitive load theory）认为，影响认知负荷的基本因素是学习材料的组织呈现方式、学习材料的复杂性和个体的已有水平（先前知识经验等）。② 如果在同一时间呈现的内容太少，学习者的认知负荷较低，多余的知觉资源容易让其去关注学习环境中出现的干扰刺激而难以专注于当前学习；如果同一时间呈现的内容过多，学习者的认知负荷较高，有限的知觉资源无法满足学习活动需要，会造成信息加工不彻底，同样达不到预期的学习效果。因此，如何切分"微型课程"的内容使其"微"得恰到好处，既不让学习者认知负荷过低造成学习时间浪费，也不让学习者认知负荷过高而阻碍其知识建构，就值得研究。

三、学习理解理论

课程领域经常使用"理解"一词。比如，用来表述课程目标，用来评价课程成效等。只有对学生的"理解"有了正确定位，才能真正设计出促进学生理解的课程。"理解"的含义非常丰富，可以指深刻领会抽象的概念性内容，还指一种在具体环境中灵活运用知识与技能的能力，如此等等。可以说，理解表现为一种从简单到复杂的连续性活动，其最终结果也会游移于一定范围之内，而不仅仅是正确与错误之分、理解与不

---

① John Keller, "Development and Use of the ARCS Model of Instructional Design," *Journal of Instructional Development*, 1987 (3), pp. 2-10.

② 魏萍、周晓林：《从知觉负载理论来理解选择性注意》，载《心理科学进展》，2005 (4)。

理解之别。具体而言，成熟、全面的理解包括以下六个维度。①

其一，解释（explanation），指学习者能对某一问题（事件、行为或观点）进行有见识的、完善的、合理的论证和说明。解释的过程就是学生回答"是什么、为什么和应如何"等问题的过程。解释不仅要找到正确的答案，还应利用事实或概念的原理，阐明自己的观点及其合理性。很多学生也许能很快说出某个数学公式，但对该公式的推导过程则未必完全清楚，这时学生还未达到理解性解释的水平。

其二，释义（interpretation），指通过有意义的阐释、叙述来揭示事物的意义，特别强调用自己的语言来讲述、解释。换言之，释义的侧重点不是解释内容，如讲了什么、应该怎么做，而是要通过讲述的方式来表达自己对学习内容的理解。释义主要回答"学习内容的意义是什么，为何重要，与自己有何联系，对自己来说有什么意义"等问题。

其三，应用（application），指熟练掌握概念、原理和技能，并将其有效运用于新环境中或用其解决新问题。主要回答"如何应用所学的知识与技能，在何处应用，如何调整自己的思想和行动来适应新的情境"等问题。归纳起来，要真正达到理解的应用水平，有两个基本条件：一是熟练掌握必备的知识与技能；二是透彻了解何时何地可以运用这些知识与技能解决实际问题。

其四，洞察（perspective），指深刻的、具有批判性的观点或见解，即能够理解他人的想法，具备一种质疑的精神。主要回答"站在谁的立场，需要明确什么样的前提假设，需要阐明哪些观点，证据是否充足，推论是否合理，这些观点的利弊是什么，可信程度如何，有何局限性"等问题。能够洞察的学生往往能够注意到别人经常不以为然、容易忽略的细节，更能批判性地看待问题。

其五，移情（empathy），指能深入体会他人情感和观点的能力。理解不仅表现在认知方面，还涉及情感。要达到真正理解，就要学会体会他人的情感，想他人所想，感他人所感。需要回答"我所不了解的东西，

---

① ［美］格兰特·威金斯、［美］杰伊·麦克泰：《理解力培养与课程设计——一种教学和评价的新实践》，么加利译，73～106 页，北京，中国轻工业出版社，2003。

别人是怎么理解的；如果我要理解他人的情感和观点，需要哪些经验；他人有什么样的情感和观点，他们又试图让我们接受何种感受和观点"等问题。

其六，自我认识（self-knowledge），指能认识到自己无知的智慧，即能够理智地认识到自己思维与行为模式的优势和局限。理解的最高境界就是达到自我理解。需要回答"自己的观点是如何形成的，我的理解存在哪些局限性，我的不足在哪里，受偏见、习惯、思维和行为方式的限制，我对什么容易产生误解"等问题。

为了促进学生的理解，需要基于理解的六个维度对微型课程进行设计，进而通过课程设计帮助学生实现真正理解。

四、深度学习理论

根据学习者对知识理解及掌握的程度，可以将学习分为浅层学习（surface learning）和深度学习（deep learning）。深度学习指新内容或技能的获得必须经过一步以上的学习和多水平的分析或加工，以便学生能以改变思想、控制力或行为的方式来应用这些内容或技能。[1] 深度学习具有追求高阶思维和促进知识建构与迁移等特征。学习者在"整合知识信息"和"批判性分析"时就开始了对新知识的深度加工；判断深度学习能否实现的关键环节是"知识建构或转化"；而"评价"贯穿整个学习活动，用于监控深度学习的实现及发展；"迁移应用"和"创造"则是深度学习的高阶特性。[2]

微型课程的开发，需要重视深度学习具备的特征。学习者在学习活动中不仅能够获得知识，更重要的是实现知识的应用与迁移等高阶目标。特别是几分钟的微课，需要考量如何既传递知识又通过自身内容的改善和配套活动的设计来启动与推动学习者的高阶思维。

---

[1] ［美］埃里克·詹森、［美］利恩·尼克尔森：《深度学习的 7 种有力策略》，温暖译，11 页，上海，华东师范大学出版社，2009。

[2] 吴秀娟、张浩、倪厂清：《基于反思的深度学习：内涵与过程》，载《电化教育研究》，2014（12）。

五、ICT-TPCK 理论

著名教育心理学家、美国教育研究协会前会长舒尔曼（Shulman）于 20 世纪 80 年代提出的"课目教学知识"（pedagogical content knowledge, PCK）[1] 已经成为一个里程碑式的突破，多年来被人们视为能够决定性地影响教育教学实践的成效。[2] 这类知识，是课目（content）知识和教学（pedagogy）知识的特殊"结晶"，有两种关键成分：一是教学某一课目内容最有用的形式，如最有力的类比、例证、实例、解释和演示等；二是克服与转化某一课目内容教学困难的策略知识。[3] 自舒尔曼提出课目教学知识之后，它便得到了广泛的认可。伴随着通信技术的发展，网络化教师知识结构应运而生。

2005 年，里斯（Niess）将舒尔曼的教师知识分类理论运用到教育技术学领域，提出并建构了"技术性课目教学知识"（technological pedagogical content knowledge，TPCK 或 TPACK），这是由课目教学知识、课目技术学知识与教育技术学知识三者交互而成的知识形态。[4] 如果说舒尔曼解决的是教学知识与课目知识的分离，那么技术性课目教学知识的提出则是要解决技术学知识与通用教学知识、课目知识的分离。

后来，人们越来越多地使用信息通信技术（information and communication technology，ICT）一词来扩展教育技术学中"技术"（technology）的操作性含义。安杰利（Angeli）等人在技术性课目教学知识（TPCK）的基础之上，立足所有技术（T）而凸显信息通信技术（ICT），提出了新的

---

① PCK 亦译为"学科教学知识"。在英美教育领域，"content"除了泛指所有教育内容外，主要指称学校里各门课程的具体内容，即课程细目，简称"课目"，将其译为"学科"，仅凸显了数学、物理、生物等科目，不能涵括德育活动、整合课程等非学科或非科目的课程内容。所以，将 PCK 译为"课目教学知识"更为准确和贴切。

② Julie Gess-Newsome, "Pedagogical Content Knowledge: An Introduction and Orientation," in *Examining Pedagogical Content Knowledge*, ed. Julie Gess-Newsome & Norman Lederman, Netherlands, Kluwer Academic Publishers, 1999, p. 12.

③ Lee Shulman, "Those Who Understand: Knowledge Growth in Teaching," *Educational Researcher*, 1986 (2), pp. 4-14.

④ Margaret L. Niess, "Preparing Teachers to Teach Science and Mathematics with Technology: Developing a Technology Pedagogical Content Knowledge," *Teaching & Teacher Education*, 2005 (5), pp. 509-523.

"网络化课目教学知识"（ICT-TPCK）。① ICT-TPCK，是理解把握特定课目主题为何难以被有效教学，或者教师为何难以有效运用信息通信技术来教学课目内容的关键知识。安杰利等人不同意 TPCK 内蕴的"知识综合"观，而倡导"知识转化"观，认为 ICT-TPCK 不是在教学过程中由其他类型的教师知识综合或组合而成的，而是将有关信息通信技术知识、通用教学知识、课目知识、学习者知识及学习情境知识统合起来并从中转化而来的（参见图 3-1）。如果说通过"知识综合"而形成的 TPCK 是一种"混合物"，那么经由"知识转化"而生成的 ICT-TPCK 则是一种"化合物"。显然，ICT-TPCK 是一种深化了的 TPCK，后者是前者的始基性概念基础。

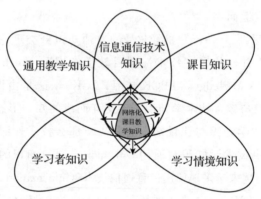

图 3-1　ICT-TPCK 生成的转化模型图②

图 3-1 形似一只美丽的"蝴蝶"。"蝴蝶模型"所突出的信息通信技术知识形似"蝴蝶的身子"；学习者知识和学习情境知识形似"蝴蝶的两只前下翅膀"；课目知识和通用教学知识形似"蝴蝶的两只后上翅膀"；ICT-TPCK 在模型图里形似"蝴蝶的心脏"。由此，ICT-TPCK 就概念化为教师特有的能够设计技术促进型学习方式的一种知识体。从实质来看，

①　Charoula Angeli & Nicos Valanides，"Epistemological and Methodological Issues for the Conceptualization，Development，and Assessment of ICT-TPCK：Advances in Technological Pedagogical Content Knowledge（TPCK），"*Computers & Education*，2009（1），pp.154-168.

②　Charoula Angeli & Nicos Valanides，"Epistemological and Methodological Issues for the Conceptualization，Development，and Assessment of ICT-TPCK：Advances in Technological Pedagogical Content Knowledge（TPCK），"*Computers & Education*，2009（1），pp.154-168.

ICT-TPCK 关注的是课目知识的可教性（teachable）层面，即具体课目知识与有效教学方式的融合，而近年来"学习为本"理念的兴起，逼促ICT-TPCK 深化至课目知识的可学性（learnable）层面，即具体课目知识与有效学习方式的融合。因应这一趋势，"网络化课目学习知识"（ICT-learnable content knowledge，ICT-LCK）正在孕育和发展。ICT-TPCK和新兴的 ICT-LCK，为校本化视角与信息化视角交融整合创新微型课程提供的知识论根基，是微型课程开发必备的知识基础。

第五节 微型课程的文化及社会基础

探究和建构文化及社会基础，意在使变化发展中的课程，能够比较好地促使学生适应文化及社会变迁的需要，提升幸福生活的能力。通过考察课程与文化及社会的关系可见，课程的文化及社会基础几乎包罗万象，这就要求进一步明确其中的核心问题、基本问题和热点问题。

一、文化及社会基础的核心问题

文化的深层内核，体现在价值观之中。[1] 文化的多样性，最集中地表现为价值观的差异。文化的价值观与课程的价值观之间的关系，就成为把握课程文化及社会基础的核心问题。这一问题又主要关涉价值取向与价值信念两个层面。不同文化及社会的价值观，要求有不同的课程与之相适应。如果忽视这一点，一味照搬外来或流行的课程理念、操作策略和评价标准等，就会为本土文化所疏离与排斥，从而导致负面结果对良好动机和目的的悖谬。因此，微型课程开发者需要具备高度的文化敏感性、文化自觉意识和文化自省能力，洞悉自身所处文化的价值观的基本内容、形成过程与发展趋向，才能为课程的运行找到相应的文化支持系统，进而使所开发的微型课程既与特定的文化背景相契合，又能在一定程度上推动文化的变迁。

---

[1] 杨国荣：《善的历程：儒家价值体系研究》，1 页，上海，上海人民出版社，2006。

二、文化及社会基础的基本问题

除了必须处理好不同价值观的同构与交互外，人们始终面对着"文化及社会因素对课程的影响机制"和"课程的特殊文化及社会现象"这两个基本问题。

文化及社会因素的影响不是一种抽象存在，而是具体存在于课程场域之中。进入课程的知识是对更大范围的社会知识进行选择的结果，它是一种"文化资本"，经常反映社会集体中有权势者的观点和信仰。[①] 不仅如此，文化及社会因素已渗透到课程目标、实施活动和评价标准等方方面面。当下的任务不是让课程超越文化因素的影响，这样做既无价值也不现实；而应通过剖析与反思课程方案、课程结构、课程内容、课程实施与课程评价等，以回答课程所代表与传递的是谁的知识，这些知识是由谁来选择的，为什么要用这种方式来教学，这对特定群体来说是否有益等问题，进而揭示课程现状背后的深层文化与社会原因及其影响机制。如此，才能较为具体而清晰地把握课程与文化及社会之间的关系，使得课程理性地适应不断变化的文化及社会，并探索出一些有针对性和适用性的策略来促进文化及社会的变革与完善。

文化及社会因素渗透进课程场域，与其紧密结合，便在课程领域内形成特殊的文化及社会现象。不同的教师群体，构成了不同的教师文化。学生来自不同的种族与社会阶层，具有不同的个性和年龄特征，这就形成了独特的学生族群文化、阶层文化、性别文化和同辈文化等。每所学校还拥有各自的管理文化，而且随着社会的民主化进程，学校的管理文化日趋向领导文化过渡。不限于此，课程领域还有林林总总的文化及社会现象，都等待人们去关注与研究以便为微型课程开发奠定基础。对这些特殊文化及社会现象的研究，有利于清晰理解其形成机制并采取有效措施促进或防止某些现象的出现，从而顺利开展课程的设计、组织、实施和评价。这也是微型课程开发理应具备的价值情怀。

---

① ［美］迈克尔·W. 阿普尔：《意识形态与课程》，黄忠敬译，8页，上海，华东师范大学出版社，2001。

三、文化及社会基础的热点问题

近年来，我国学校教育优先应对的文化及社会热点问题，构成了课程文化及社会基础研究的聚焦点，当前已经大致形成了"卓越性""教育公平""农村教育""道德社会重建""犯罪与法制""家庭需要"和"民族教育"等热点问题。

崇尚卓越，是历史赋予当代学校课程的使命。课程不能仅仅简化为让学生"轻松快乐地"学习，它亟须应对的严峻问题是如何在兼顾大众的同时培养一批批杰出人才。

教育资源分布的非平衡性与人们受教育需求的无限性和多样性之间的永恒矛盾，使得教育公平问题凸显出来。课程研究者应该发挥自己的专业优势与特长，研究与解决好课程设置、课程实施和评价中的公平问题，以促进课程领域中学生学习机会的均等。

农村教育肩负着将我国沉重的人口负担转变为高素质人力资源的使命。然而，我国农村教育的现状令人担忧。如何针对农村的实际情况进行课程开发与建设，以发挥农村学校课程的通识文化教育与职业技术培训的双重作用，已成为越来越尖锐的问题。而如何提高农村学校的课程质量问题，则关系到我国亿万农民的命运，关系到我国现代化建设的历史进程。

我国当前正处在社会转型时期，人们的家庭道德、职业道德、社会公德以及生态伦理等都出现了新旧观念与规范的矛盾和冲突。道德失范，德育低效，成为普遍现象，课程改革被历史地赋予了复兴道德教育、践行价值教育和重建道德社会的重任。

随着经济与社会改革的不断推进，违法犯罪案件的数量有所增长，尤其是青少年和在校学生犯罪案件呈上升趋势。课程开发需要重视普及法制意识，培养年青一代的法制行为，以推动学校与社会的法治进程。

在绝大部分中国人的心里，家庭观念根深蒂固。家庭十分看重每一个成员的成长，为了给子女争取更好的学习和发展条件，许多家长心甘情愿地花钱让子女参加各种学习班、辅导班。因此，学校有必要关注如何通过课程开发满足家庭需要，校外的课程开发者在看重经济利益的同时，也很有必要思考所推广的课程品质如何，是否能真正促进学生的学习与成长。

我国是一个多民族的国家，尊重不同民族文化的多元文化论已得到广泛认同。但是，过去在汉族文化的强势影响下，少数民族文化边缘化的现象日趋严重，现在随着中华民族文化的复兴，少数民族文化及其教育得到前所未有的发展。因此，提高少数民族教育的质量，开发民族文化课程，以促进少数民族文化的传承与弘扬，也是当务之急。

第四章 微型课程的类型

根据不同的标准，微型课程可分为不同的类型。根据开发的动因，可以分为"学校内部自发"和"响应外部命令"两类；根据微型课程与国家课程框架的关系，可以分为"在国家课程框架内"与"超越国家课程框架"两类；如此等等。本章主要剖析按课程功能划分的六种类型和按主导因素划分的三种类型，以期为进一步理解、开发与运用微型课程提供一个总体框架、一种基本视野和一幅认知地图。

第一节 按课程功能分类

微型课程在实践中能够发挥不同的功能，根据其功能的侧重点和落脚点可将其归入相应类别，主要包括教学资源类、转化学生类、延伸升华类、衔接过渡类、关联整合类和日常修养类。

一、教学资源类

教学资源类的微型课程，主要以微视频为核心，围绕某一个独立的课目教学内容或教学环节等设计而作为师生教与学的资源。这类微型课程还可细分为不同类型。按使用微课的教学环节不同可分为：课前学习类、课堂导入类、新知学习类、练习巩固类、小结类和拓展类等。按内容主题不同可分为：情境描述类、过程展示类、概念剖析类、原理解读类、公式推导类、实践应用类、试题分析类和人物简介类等。按教学方法不同可分为：讲授类、问答类、讨论类、演示类、自主学习类、合作学习类和探究学习类等。按技术手段不同可分为：图文为主类、PPT 为主类、现场视频类、富媒体类和融媒体类等。

教学资源类微课服务于师生的教与学，常常成为教学方式变革的重要条件。例如，小学美术教师将水墨画基本知识与操作方法录制为微课，学生在家先观看微课并尝试画一幅作品。这就解决了过去课堂上教师示范耗时较长，学生绘画时间不足以及学生作品点评欠缺等问题。在一位美术老师制作的《快乐的黑天鹅》微课中[①]：首先通过对比两幅黑天鹅水墨画，引导学生发现墨色的不同，讲授墨的五种颜色；接着以画黑天鹅为例，介绍浓墨与淡墨的调配方法以及画黑天鹅的步骤和注意事项；再让学生尝试完成一幅黑天鹅作品；最后提出关于墨色问题，让学生思考。微课能够多次反复使用，学生可以根据自身情况确定观看次数。有了学生"先学"的基础，课堂上教师直接组织学生对微课中要求思考的问题进行讨论，评析学生课前作品，进行画法与技能等指导，然后学生再次创作。

教学资源类微课也可以是学科学习内容的补充或深化，用以强化学生对某项知识的理解或者提升技能技巧。例如，就"田字格"的认识与笔画书写而言，小学一年级语文教材只做简单介绍，教学经验不足的教师往往忽略对书写细节的指导。有的教师开发了《认识田字格和学习基本笔画"横"》微课[②]，提供给学生课下观看。

微课中，教师将"田字格"比喻为"汉字宝宝"的家，以图文并茂的形式，用生动有趣的第一人称介绍"田字格"的结构：被横中线与竖中线分成了四个"小房间"，分别是左上格、右上格、左下格、右下格。

接着，通过视频示范，以"开飞机"的三个步骤形象地教学笔画"横"的书写步骤：降落、滑行、刹车。在示范指导中强调每一步骤的书写细节与关注点。

然后，以汉字"一、二、三"为例，对比讲解"长横"与"短横"，并以直观图示让学生体会到笔画在田字格中的不同位置对汉字结构的影响，其后再次示范汉字"一、二、三"的正确书写，强调细节。

最后，小结本微课学习内容。

---

① 本案例设计者为邱诚毓，系广东省中山市实验小学美术教师。
② 本案例设计者为吴兴妍，系广东省东莞外国语学校语文教师。

研究发现，由于微课形式新颖，图文并茂、有声有色、动静相宜，能开启视觉和听觉等多通道的学习活动，学生的学习积极性高，学习效果好。[①] 需要注意的是，并不是所有内容点（无论大小或难易）都适合运用微课，最好选择重点和难点内容开发微课，同时要有宏观统筹意识，注意微课环节与其他教学环节的有机整合。换言之，教师要考虑如何将微课应用到已有课程之中以提升课程品质和学生学习成效，而不是"削足适履"般地考虑如何转变已有课程来从形式上体现自己使用了微课，却并没有产生实质性的促学效果。

二、转化学生类

当学生在某些方面出现问题时，教师不是简单地予以批评和说理，而是开发微型课程对学生"行不言之教"，这类微型课程就属于转化学生类的课程。这类课程在学校教育教学中的开发时机颇多。班里学生的思想观念、行为习惯出现问题时，教师就可拟定此类主题进行疏导。例如，班主任看到学生浪费纸张现象严重，领着学生创生"垃圾筐里的算术"这一课程。师生先一起清点废纸，再让学生进行一系列计算，当算出全国小学生一天废弃掉的纸张能做上百万个本子的时候，学生的心灵被震惊了！接下来教师鼓励学生就此问题"出谋划策"。

这类课程也可以解决学科教学中学生遇到的学习困难。一位教师发现班里学生不太会归纳文章中心思想，就自行设计了"怎样归纳中心思想"的课程，引导学生通过各种方式总结出"看文章题目"与"看文章的开头和结尾"等六种归纳中心思想的方法。也有教师针对班里学生古诗文学习兴趣薄弱，学生认为学习古诗文就是为了应付考试等问题，设计并实施了"走近温总理"的微型课程[②]。具体如下。

课程中，先让学生"赏一赏"温家宝总理在各种场合信手拈来经典古诗文的精彩瞬间和儒雅风范。比如，在非典肆虐时，温总理到了香港，引述《礼记》的两句话"上不怨天，下不尤人"，说明我们这个民族愈挫

[①] 张蕊：《基于三种微课类型的中级汉语综合课教学设计》，硕士学位论文，辽宁大学，2016。

[②] 改编自郑良仙：《走近温总理》，载《语文建设》，2004（7/8）。

愈勇的道理。

"赏一赏"之后，教师引导学生讨论如下一系列问题：你知道这些古诗文的含义吗？如果不用这些诗文，该如何陈述总理想要表达的意思？

紧接着，让学生动手"选一选"温总理在一些场合所引用的诗文。比如，2003 年 12 月，温总理在出席纽约美国银行家协会举行的午餐会时说：中国有一句描写登泰山感受的古诗，_____，_____。我们对待中美贸易问题，要有这种高瞻远瞩的战略眼光。（A. 会当凌绝顶，一览众山小。B. 众鸟高飞尽，孤云独去闲。C. 遥望齐州九点烟，一泓海水杯中泻。）

选出答案之后，请学生说说选择的理由，并引导学生谈一谈：古诗文所具有的凝练、优美等特点，能给日常语言增添怎样的亮色？

接下来，让学生"比一比"谁积累的古诗文多。比如，看到长江之水奔流不息、气势壮观，你想起了前人的赞叹：_____。

在这样的微型课程中，学生可以体验和感悟到：学习古诗文不是仅仅应付考试，甚至也不是仅仅为了赏析其优美；古诗文可以运用于日常的口语交际中，深厚的古诗文积淀能使自己才思飞扬，儒雅大方，正所谓"腹有诗书气自华"！

三、延伸升华类

借用一个比喻的说法，书本上的学习内容大部分是在有孔的盒子里，而且盒子没有加盖，所以盒子里盛满了阳光，每个小孔都有阳光照进来，透过小孔，学生随时可以看一看外面广阔的世界。并且，学生有时还可能有机会打开盒子的一扇门，走出去经历外面的世界，回来再继续学习。这样的变化赋予教师引领学生以书本内容为出发点探寻更广阔的未知世界的责任。以此为契机开发出的微型课程，即延伸升华类的课程。

在学习"对称图形"的过程中，教师发现班里学生表现出极大的兴趣，便顺势开发并实施了"放飞我心中的风筝"的微型课程。首先让学生结合对称图形的知识，发挥想象力和创造力，设计一个风筝图样，再按自己设计的比例把图样画在纸上，涂上色，并注明所设计的比例尺。

然后，让学生根据比例尺，开动脑筋运用各种巧妙的方法计算出风筝的用料即面积。这一微型课程的实施，既巩固了对称图形的相关知识，也让学生在运用数学知识解决问题方面获得了成功，深入感受了数学的魅力。可以说，对学生具体学习需要的洞察，为教师开发微型课程提供了方向、目标、内容与手段的指引，进而奠定了有力的资源基础。

四、衔接过渡类

针对不同学段或不同时段之间存在的课程目标、教材内容或教学方法等"脱节"的问题，需要开发出衔接过渡类微型课程。这类课程可以形象地称为"课程补丁"，有利于更好地完成幼小衔接、小中衔接或一学期之内前后教学内容的顺利过渡等。

例如，有学校开发的为期三周的微型课程，包括语文类的识字课、注音阅读课、观察说话课、"观察、说话、阅读"综合课，数学类的趣味数学课和野外数学启蒙课，分门别类地对相应内容的学习方法予以指导，并使授课形式多样化，以缓解小学一年级学生面临学习内容突然增多及学习压力较大的窘境。在国外，比较注重通过入学筛选测验发现准备状态不足的学生，并在入学后予以补救训练。例如，美国的阅读补救课程（Reading Recovery Program），旨在提高具有潜在读写困难的儿童的学习能力。参加项目的儿童在连续 12～20 周的时间内每天接受 30 分钟的特别训练。项目的前两周用于了解儿童的学习策略和知识基础，创建儿童与教师之间的亲密教学关系和良好学习氛围，然后开始正式的训练内容。研究表明，该项目的训练显著减少了学困生的比例，有些地区的学困生比例从 36％降至 6％[1]；五年级时，超过 75％的参训儿童能达到或超过本年级儿童的平均水平[2]。

[1]　Carol A. Lyons, Jacob Beaver & Steven Walmsley, "Reducing Retention and Learning Disability Placement Through Reading Recovery: An Educationally Sound, Cost-effective Choice" in *No Quick Fix: Rethinking Literacy Programs in America's Elementary Schools*, ed. Richard Allington & Sean Walmsley, New York, Teachers College Press, 1995, pp. 116-136.

[2]　Wayne Brown, et al, "Reading Recovery Effectiveness: A Five-Year Success Story in San Luis Coastal Unified School District," *ERS Spectrum*, 1999 (1), pp. 3-12.

五、关联整合类

针对学校中以分科课程为主带来的各学科学习相割裂与疏离的问题，有必要开发关联整合类微型课程。通过关联设计（correlation design）减少课程内容的离散性，加强分科设置的课程之间的联系。关联整合类课程旨在让各门学科彼此联系，又使其能够保留各自的特点。关联设计的想法很具有吸引力，但目前很少有教师使用这种设计，部分原因是该设计需要教师之间的相互合作来规划课程或者教师个体具有跨学科的视野和知识储备，而这是有难度的。

有的学校在全校内每学期会设置1~3次该类课程，以鲜明的主题横向沟通各个学科及活动，纵向则贯穿连接一学期的教育教学，巧妙地将显性课程与隐性课程结合起来，在相同主题统摄下相互补充、相互促进。这类课程在课程体系中发挥着"联动"作用。比如，开展"历史与文学整合活动"，学生在历史课上学习某一阶段的历史，会读到同一时期的英文小说。

另有教师自行开发一些关联整合类的课程。比如，"探索 PM2.5" MST 整合课程，就是将数学（Mathmatics）、科学（Science）与技术（Technology）三个学科的内容有机融合在 PM2.5 的主题探究活动中，以探索 PM2.5 为主线，利用三科的相关知识进行统整式的实践探究活动，培养未来社会的建设性公民，提升学生在主题探究中综合运用数学、科学及技术相关知识解决实际问题的能力。比如，第一模块"认识 PM2.5——掀开 PM2.5 的神秘面纱"包括以下小主题："魔法天空实验站"（神奇的蓝天、变脸的天空、蓝天杀手"微粒"、寻找隐形的颗粒物、揭秘 PM2.5 的含义、测量细小微粒的直径）；"我是 PM2.5 观测员"（参观 PM2.5 监测点、测定学校附近地区的 PM2.5）。该模块关联整合了数学中的"直径的测量、长度与体积单位的换算、方程及正比例"，科学中的"光的色散、空气的组成、环境监测"以及技术中的"长度测量仪器、电子相册制作、计算器的使用"等内容。[1]

---

① 本案例设计者为黄迪和许楚欢，系华南师范大学小学教育方向教育硕士生。

六、日常修养类

如果每天给自己开发短时间的课程以提升自身修养，就属于日常修养类的微型课程。比如，积极心理学的研究发现，每天以一种新的方式运用自己较突出的优良品德，可以促进幸福并减少抑郁，这被誉为优良品德培育最受欢迎的方法之一。[1] 个体所拥有的一系列独特的优良品德，赋予自身强大的能量去发现和创造幸福。较之于其他人，每天安排一定时间练习和运用自己优良品德的人，报告生活品质卓越的概率会高出 3 倍，投入和享受工作的概率会高出 6 倍。[2] 研究者曾将学生分为三组：一组每天记录和回忆他们感恩的五件事情；一组记录愤怒或烦恼的事情；一组什么都不做。坚持两周之后，感恩组学生变得更加感恩和乐观，对学校生活的满意度也更高。[3] 其他的一系列研究，证实了通过每天培养优良品德的短时活动，可以提升学生的幸福感并对其幸福感产生持久的积极影响，有助于减少其心理疾病和问题行为的发生，促进其学业成就的发展，激励他们在当下和未来的生活中做出更优秀的表现，增强他们的幸福感。这一种日常修养类微型课程，可命名为"品德修养每一天"。

另有教师开发了"5＋5＋2 每日反思会"[4]，以便经由反思优化生活。每天放学前留出 12 分钟时间让学生围绕所经历的一天进行回忆与思考。第一，5 分钟"慢镜头"。回放当天从早到晚的经历，努力回忆一天中发生的每一件事、接触的每一个人、每一次感受，将酸甜苦辣尽情释放，再一次经历情感旅程。第二，5 分钟客观分析与评价。围绕三个问题展开：一是"学到了什么知识"。学生对照课程表回想每堂课新学了什么知识，自己学会归纳和比较；课堂上自己思考和发言是否积极，有没有解

---

① Ryan Niemiec, *Mindfulness and Character Strengths：A Practical Guide to Flourishing*, Boston, MA, Hogrefe, 2013, p. 32.

② Via Institute On Character, "The Keys to Happiness," http：//www.viacharacter.org/www/Professionals, 2016-06-15.

③ Jeffrey Froh, et al, "Counting Blessings in Early Adolescents：An Experimental Study of Gratitude and Subjective Well-Being," *Journal of School Psychology*, 2008 (2), pp. 213-233.

④ 工志刚：《留住今天——"5＋5＋2"每日反思会》，载《班主任》，2012 (3)。

决难题的勇气；作业书写是否工整，正确率如何等。二是"明白了什么道理"。学生思考今天最大的收获是什么，为什么能取得成功；听听别人对自己当天表现的评价；从感谢的人、事、物等角度进行深入分析，进而总结提升等。三是"留下了什么遗憾"。从知识、情感和态度等多个方面进行梳理。第三，2分钟交流。它分为自评和互评两个环节。自评即学生根据自己思考的过程和结果在班级上进行交流；互评采用"三分优点、一分不足"的方式，让学生在小组内或同伴间进行互相评价。此外，可根据实际情况增加"记录反思内容"这一环节，由学生将12分钟的回忆、思考、交流中最深刻的内容写下来。这个环节不是必需环节，但适时运用能起到强化作用。因为要求学生把反思的内容记录下来，一方面有利于加深反思内容在脑海中的印象以指引自己第二天的行为，另一方面有利于教师及时了解学生的情况。

第二节 按主导因素分类

根据主导因素不同，微型课程具有学校条件主导、办学特色主导和学生需求主导这三大类型。随着课程的深入发展，这些类型正在逐渐整合，进而形成一种更加综合的开发形态，而且要切忌陷入"不顾学生真实需求，因人开课、因特色建设开课、因追求时尚开课"等误区。

一、学校条件主导类

学校条件主导类的微型课程，指主要依据学校现有条件决定开发什么样的微型课程，优先考虑的问题是"有哪些可利用的独特资源"和"现在能做什么"。学校里的教师有什么特长就开什么课，如果教师喜欢集邮就开集邮课；学校附近有什么课程资源就开什么课，如果学校附近有鲜花种植基地，就开插花或花卉欣赏课；如果学校有信息技术能力强的教师，那么就可以开发出一系列的微课资源用于辅助教学；如此等等。

微型课程开发必须植根于学校的现有条件，否则就没有可行性。而且，这类课程也相对便于操作，但要注意避免以下问题：第一，价值取向偏颇。比如，地处刺绣印染之乡的学校，通过微型课程仅让学生掌握一些刺绣工艺或印染技术，将学生错当成了操作工或手艺人来培养。第二，活动设计单一。只注重知识学习和技能学习，未能开发出丰富的学习活动，不能较好激发学生的学习兴趣。第三，学习效果表浅。有些课程只是让学生看一看、做一做，未产生深度学习。第四，课程规划不足。以这类课程为主的学校，通常会出现"因人设课"的情况，各课程的开设或停开也较为随意，往往由教师的工作量和意愿而定，或者教师调离后相应课程就停开。而且，各课程之间的纵向与横向关系未能充分理顺。

二、办学特色主导类

办学特色主导类的微型课程，以学校的办学特色为主要依据和核心。比如，一所小学追求"为学生的终身幸福奠基"，因此开设了"幸福课程"。该类型格外重视学校层面对课程开发的顶层设计，主要包括：成立课程开发委员会或相关工作小组，承担相关的规划与决策；确定参与课程开发工作的成员和开发程序；经由参与成员集体讨论，拟定课程方向、目标与计划。其中，重点考虑课程开发与学校办学目标的一致性以及如何经由课程开发有效落实办学目标。

这类课程开发需要注意以下两个方面：第一，论证办学特色的合理性。有些办学特色是跟风式的、表面式的，与学校实际不符且不能对学生成长起到实质性作用，这样的情况应竭力避免。第二，调研课程实施的有效性。有些微型课程已经不受学生欢迎，或者学生认为学习后成效不大，但学校层面为了保持学校特色仍在长期开设，这样的情况也应慎重考虑。

三、学生需求主导类

学生需求主导类的微型课程，以学生的实际发展需要为主要依据和核心。这类课程强调课程开发过程以满足学生的实际需要为宗旨，基本步骤为"分析学生""分析资源与限制""拟定一般目标""制定具体目标""确定方法与工具""评估学生的学习""分配人员、设备与时间"和

"实施、评价与修订"。①

分析学生包括了解学生的年龄、社会经济背景、学科学习基础、认知发展现状、学习习惯、学习能力、学习愿望、对学习环境或学习条件的预期等情况。分析资源与限制包括掌握教师人数、教师经验、教师知识与能力、经费、外部支持、弹性课程表、家长与学生以及行政当局的反应等。拟定目标包含一般目标与具体目标，前者指教育的价值或哲学，即"教育目的"；后者指学生通过实施相应的课程之后，所应具备的知识与能力。确定评价的方法与工具包括选用前后能力测试成绩比较等方式，对学生的学习结果进行评价，借以判断课程方案的成效。同时，重新配置空间、课表、人力，做好各种有关的准备。最后将课程设计付诸实施，并进行评价与修订。评价时应兼顾认知、情感与动作技能三大领域的目标，建构客观、科学的指标来作为评价依据，可考虑运用实验控制组来作为参照，借用态度与成就测验了解成效，在原课程开发小组之外设置评价小组，进行长短期结合的成效评估。

就学生需求主导类微型课程开发而言，有人认为很简单，因为教师与学生在一起的时间很多，自然清楚学生的需求，也有人认为这类课程开发太过于理想，因为要把握学生真正的学习需要，并不容易。为此，需要避免以上两种极端看法，采用一些有效方法调研学生的学习需要（参见表4-1）。

表 4-1　学生学习需求分析方法对比②

	要点	优点	缺点
问卷调查法	以调查问卷的形式对选定的对象进行调查；可以使用开放式、封闭式或排序、选择等多种问题形式	短时间内就可得到大量数据；花费较少；参与者在参与过程中不必担心可能出现某些尴尬局面；数据分析、处理较容易	没有给参与者自由反映情况的充足机会；设计有效的调查问卷较难，且需要花费大量时间；较难有效找到问题及其原因

---

① OECD, *School-Based Curriculum Development*, Paris, OECD, 1979, p. 36.
② 改编自田海燕：《学校课程开发中的学生学习需求分析》，载《中小学管理》，2003（12）。

续表

	要点	优点	缺点
一般访谈法	可以是正式的或非正式的，结构式的或非结构式的；可以是面对面的交流，也可以通过电话进行访谈	容易观察到被访者的态度和自然反应；有助于找到问题的原因及可能的解决办法；能及时得到反馈，获得的材料较充足	比较耗时；结果不易分析或量化；需要访谈人员有较高的访谈技术，在不使被访者紧张或产生怀疑的情形下收集材料
焦点访谈法	正式的或非正式的；被广泛使用；可将焦点集中在一些特殊的问题、目标、任务或项目上	促进不同观点之间的交流；促使集体成员成为更好的倾听者、分析者和问题解决者	比较耗时；得到的材料较难量化
表现评价法	可通过系统的过程或在非正式条件下进行；可由领导者、教师操作；评价可在常规基础上进行，要求与道德评定相脱离	揭示了行为、技能上的优势和弱势	开发评价系统、实施评价及数据处理的花费较高；可能因评价者的偏见导致评价失真
观察法	可以是技术性的或功能性的；能够得到数据或文字结果；可以是非结构性的	将日常工作或集体活动的影响降到最低；获得的是真实生活中的材料	对观察者素质要求较高；要求收集生活现场的材料；可能导致被观察者产生被监视的感觉
测验法	直接指向调查对象；可以是开放式的或封闭式的	有助于找出被试者在情感、态度、知识、技能方面的不足；易量化或进行比较	效度可能不高，无法指出所测试的知识或技能就是所需要的内容
文献分析法	大量的图表、文献、官方文件等，也包括会议记录和一些相关报告	为寻找问题提供线索；提供了客观的证据和结果；资料较易收集、总结	难以直接表明问题的原因和解决方法；大多是过去的而不是当前的数据；必须有熟练的数据分析者进行解释

比如，有的学校在开发环境教育课程前开展了学生需求的问卷调查，其中有"你使用一次性饭盒和筷子吗"和"你平常关注国内外环境保护事件吗"等问题，调查发现：尽管学生都有了一定的环保意识，很多学生也认为环保是与每个人相关的事情，但实际行动与理念是脱离的，真实生活中的许多行为是浪费资源、污染环境的。因此，使学生知行统一非常重要，通过形式多样的教学方式、教学手段，让环境保护的意识真正扎根于学生的内心，成为他们的自觉行为是课程开发前需要着重思考的。[①]

当然，也有一些学生的学习需要是显而易见、较为明确的。比如，每年艺术类高考生都会有一两个月的时间离开高中到高校参加艺术类培训，这对他们的文化学科复习影响很大。一些地市的教研室或学校针对高频考点开发了系列微课。这些艺考生无论走到哪里，都能通过微课自主复习。

值得一提的是，有必要对"学生学习需求"进行区分，切忌将学生"随心所欲"的愿望都视作理应满足的需求。事实上，在学校里、班级中或课堂上，学生经常遇到一些学习困难，这是学生最真实的学习需要之一。如果一些困难难以在国家课程的教学实施中予以解决，就需要教师开发一些微型课程来解决。教师可以通过"发现问题""分析问题""确立目标""寻找解决途径""找到解决对策""采用、改编现成课程或创新""开始使用""评价"和"继续采用"这样的程序来开发课程。为解决学生学习困难的课程，其问题分析是不可或缺的一环。学校除了运用校内现有的资源外，也可以寻求校外资源的协助，只是校外人士的角色必须是咨询与合作性的，而不应是主导与决定性的。比如，有的学校针对学生的学科学习困难并结合学科特点及某些教材的特点，构建了一系列专项的微型训练课程，以便专门让学生掌握一定的工具、技能技巧。就语文学科需要培养的精读、浏览、复述、表情朗读等能力而言，设有区分主次速读课、学习鉴赏精读课、体验情感朗读课、扮演角色表演课和编写提纲复述课等。这些课程嵌入国家课程体系，可以发挥课程合力。

以上多种课程类型表明，微型课程开发的关键点有"多样""持续"

① 张海燕：《九年一贯制学校环境通识教育校本课程的开发与实践研究》，硕士学位论文，华东师范大学，2010。

"可行性评估"和"准备"等。首先，微型课程开发的类型是多样化的，涉及的工作范围也不一样。所以，没有哪种类型是万能的或者可以优先选用的。学校在开发具体的课程方案时，应依照学校的情况采用某一类型或多种类型，并进行必要的修改与调整。其次，微型课程开发是一种动态而持续的过程，不是僵化而线性的行动步骤。学校必须分析、确定和把握课程开发的工作步骤，根据本校、本班或实际选修学生的实际情况做出适当决策并进行灵活调整。再次，微型课程开发旨在满足学生的发展需要，解决学校的教育教学问题，提升办学品质，而不是追求教育时尚。学校在进行课程开发时，一定要先评估课程开发的可行性与必要性。否则，必然导致课程开发的失败。最后，学校准备程度的高低往往影响着课程开发的成败。这些准备工作，包括学校时间与空间的重组、营造学校气氛、组织有效的校本培训、与校内外人士和机构合作、争取社区人士和学生家长的支持与合作等。

第五章　微型课程的模式

微型课程开发在世界许多国家逐步兴起，本章将其开发过程梳理为三种模式，并阐释了从"校本化模式"到"信息化模式"，再到"整合化模式"的发展演变走向。校本化模式聚焦于对校本课程开发进行深化拓展和吐故纳新；信息化模式紧跟教育信息化潮流，充分利用先进的信息技术，凸显微型课程开发的信息化取向；整合化模式则超越校本化模式和信息化模式，呼应学习型社会的发展，追求基于"学习为本"的信息技术和课程开发双向整合，最终创生出新的信息化课程文化。

第一节　校本化模式

自 20 世纪 70 年代起，在大规模的长期课程之外，英美等国的教师开始发展微型课程（minicourse），即集中针对某一主题设计与实施小规模的短时课程，既灵活照顾学生的兴趣和需要，又及时吸收最新文化知识、反映时代精神与问题。在我国，当代教育倡导赋权增能和教师参与，新课程改革强调提升教师校本课程开发的意识和能力，进而推动了"微型课程开发校本化模式"的诞生。在一定意义上，我国的微型课程脱胎于校本课程，实质上是校本课程的一种独特形式，这使得微型课程开发天然具有校本色彩。立足于校本化视角，微型课程开发是对普遍存在的"全校性"与"宏大型"校本课程开发的突破和超越，是一种新型的校本课程开发，包括"常规模式"和"逆向模式"。

一、常规模式

校本化微型课程开发的常规模式，主要包括"主题设计""目标拟定""内容与资源选择""教学组织与实施"以及"课程评价与修订"。

（一）主题设计

主题是微型课程的核心所在，整个微型课程的开发过程都紧紧围绕主题而展开。主题设计的依据主要有四个方面：一是学生的兴趣和需要，二是教师的专业特长或兴趣爱好等，三是课目主题的要求，四是社会与生态发展的需要。一般来说，微型课程的主题可以考虑基于学科教学的补救型主题、基于学科教学的延伸型主题、基于班级管理的补救型主题和基于班级管理的延伸型主题。[①] 在具体实践中，教师要结合微型课程能够发挥的各种功能，因地制宜地设计新颖而有特色的教学资源类、转化学生类、延伸升华类、衔接过渡类、关联整合类和日常修养类微型课程的主题。

（二）目标拟定

微型课程开发的目标拟定至少包括两个相互联系的工作，一是拟定学生的课程目标，二是拟定相应教师的专业发展目标。针对学生的课程目标，致力于促进学生的成长与发展，主要从知识与技能、过程与方法和情感态度价值观维度，简明扼要地阐述学生的预期学习结果。由于微型课程容量小、时间短、内容有限，拟定的目标不宜过多，每次课程的目标一般可控制在1～3项。教师的专业发展目标，致力于增强教师课程开发的意识、提升教师课程开发的能力及形成课程开发论著成果。

（三）内容与资源选择

这一阶段是根据课程目标，从浩瀚的人类文化精华中精心选择出适宜于学生学习及有利于学生成长的内容与资源。实际操作时，需要体现针对性、教育价值和现实性。"针对性"强调内容与资源要符合学生当下的生活和需要；"教育价值"关注内容的有效性和重要性，重视学生好奇心和求知需要的满足；"现实性"倡导学生能将所学知识运用于当前或未来的生活情境，并考虑学校的师资情况和教育资源等。

为了吸引学生兴趣及提升课程成效，内容与资源的形式要尽量多样化，可以开发实物、文字、图片、音频和视频等各种资源。比如，班里

---

① 曾文婕：《微型化：校本课程开发的深化之路》，载《教育发展研究》，2009（4）。

有位学生带来一张"双关图",同一画面既可看作漂亮的少女也可看作丑陋的巫婆。同学们争先恐后地看。班主任发现后,顺势开发"双关图"这一课程。在课程中,除了"少女—巫婆"双关图外,教师还选择了"帆船—大桥"和"青蛙—马头"等多幅有趣的双关图供学生尽情地边看边议论。教师特别选择了一幅明宪宗御笔亲绘的"一团和气图"的图片,同时准备了《国宝档案》节目的视频剪辑予以"揭秘"。原来,此画既是一弥勒佛盘腿而坐,也是道者、儒士、僧人的三人合一。看完图后,教师又给学生讲了"半杯水"和"两个女儿"等带有"双关"意味的哲理故事。接下来,教师请学生交流想法并引导学生领悟:在对待人和事时,应当懂得从多个角度分析和思考。

教师对与课程主题相关的文化有较多的了解和把握,就能从中选择出所需要的课程内容。因此,教师要勤于和善于积累,带着一种"课程意识"来学习和生活。这样,平时翻看的一本杂志、观赏的一段电视节目,其中的一则故事、一个片段都可以成为珍贵的课程内容。就某些微型课程主题而言,教师还可以安排学生搜集相应资源,发挥学生作为课程开发主体的作用。

(四)教学组织与实施

选择内容和资源后,教师应当考虑如何有效地将内容组织起来以便学生学习,即教学组织的过程,随后将组织好的课程方案落实到具体的教与学中,即教学实施活动。事实上,"教学组织"包括"课程方案的形成"和"从内容到经验的转化"两个层面的内涵。其中,"课程方案的形成"主要指选择和确定教育内容后,教师要考虑将内容组织起来,并对相关的课程资源进行研制和修订,进而形成相应的方案;"从内容到经验的转化"主要指课程组织要努力解决从文化中选取的"教育内容"转化为"学习经验"的问题。对于微型课程的实施,教师应关注学生的个性特点,进行个性化教学。

比如,教师将"走近温总理"的课程内容融入"赏一赏""选一选""谈一谈""比一比"和"议一议"的过程。又如,针对班里学生不喜欢做眼保健操的问题,教师以"了解我们的眼睛"为主题,将"亲眼观察眼睛结构""亲手触摸眼睛模型""亲耳聆听他人懊悔""亲身体验'盲人'苦恼"以及"用心交流所感所悟"五个环节贯穿整个课程实施过程。

教学组织与实施在很大程度上影响着课程内容的作用发挥，决定着微型课程的成效。其理想境界是将教学过程设计得如诗一般。这不是简单指教师的语言像诗一样优美，而是指整个实施过程如诗一样讲究起承转合、跌宕起伏、环环相扣、引人入胜……要达到这样的境界，教师需要积极投入、善于借鉴、深入琢磨并不断创新。为了提升微型课程实施水平，教师还需要注意处理好"预设与生成"的关系，请同事观摩研讨并不断进行个人反思。

（五）课程评价与修订

微型课程的开发不仅要重视课程的规划和实施，而且要重视课程的评价。微型课程的内容是丰富多样的，活动形式是灵活多变的，成效的呈现方式是多姿多彩的，因而也就决定了其评价的多元性。评价微型课程，应关注"多元化"的评价对象，既要根据课程目标评价学生的学习效果，也要评价"主题设计""目标拟定"及"内容与资源选择"等步骤的质量和教师课程实施的水平，还要注意对课程评价本身进行评价。同时，评价应确立"多元化"的主体，除了教师和学生评价外，可考虑请同事、家长和专家学者等参与评价。另外，评价应运用"多元化"的方法。比如，综合采用观察、访谈、问卷、测验、录像分析、作品分析等方法。评价不是目的而是手段，通过实在而深入的课程评价，教师可以获得大量的反馈信息，进而提高自身的课程开发能力，不断改进和提升课程开发的品质。

二、逆向模式

为了突出对学生学习成效的关注以及促进学生的理解，逆向课程开发得以兴起。

（一）逆向课程开发的环节

逆向课程开发是一种课程开发模式，也是一组用于课程开发的标准，即先确定哪些学习目标是需要达成的，再考虑用什么方法来证明学生确实掌握了这些学习目标。在此基础上，采用多种教学方式并组织教学活动来达成目标。该课程模式在逻辑上是顺向的，但从人们思维习惯的角度来说，则是逆向的。因为人们往往将"用什么方法来证明学生确实掌握了学习目标"放在课程实施之后。而逆向开发则要求教师一定要打破这种习惯，从而确保在整个课程实施过程中，教师随时观察学生学习的成效，并调整具体的教学活动以便帮助学生达成学习目标。这样，教学活动就以预期的学习结果为中心，不至于偏离方向。具体来说，逆向课程开发分为三个阶段。①

1. 确定预期的学习目标

根据让学生发生深度学习和达到持久性理解等要求，拟定学生在课程结束后应该知道什么、能做什么。教师要分析什么内容值得学生去理解，学生要理解到什么程度等。这个阶段需要完成三项具体任务：一是确定持久性理解；二是确定关键问题；三是确定学生将掌握哪些重要的知识与技能等。

2. 确定能证明学生达到预期学习结果的证据

这是逆向开发过程中很关键的一环。教师不仅要明确学生的学习目标，还要确定可以判断学生是否达到预期学习目标的评价标准和依据。换言之，就是教师要确定一系列的评价标准和方式，以便自己能够把握学生是否达到了预期学习目标，证明学生是否掌握和理解了相关内容，进而根据相应的有效反馈信息来调整课程。要正确评价学生的理解状况，仅用一种方法是不够的，教师应该考虑使用一系列方法来加以考察，如口头提问、观察、谈话、日常性考查或考试、真实情境任务和长期项目等。

3. 学习活动安排及教学指导

很多教师误认为课程开发最重要的是安排并实施学习活动，但在逆向开发中这一阶段被放在最后。这样有助于教师根据预期学习结果及相应评价标准来合理计划安排学习活动和学习经验，确保课程的有效性。逆向设计为教师提供了一个安排学习活动的路线图"WHERE"，即明确教学目标（where）、激发学习意愿（hook）、逐步探究主题（explore）、

① ［美］格兰特·威金斯、［美］杰伊·麦克泰：《理解力培养与课程设计——一种教学和评价的新实践》，么加利译，11～24 页，北京，中国轻工业出版社，2003。

反思学习过程（rethink）和展评学习所得（evaluate）。①

（二）逆向课程开发的案例

美国小学五年级"健康与营养学"课程有一个"营养"学习单元。在本单元中，学生将要学习人类的营养需求、食物种类、不同食物的营养价值、美国营养协会推荐的金字塔形饮食结构以及与营养不良相关的健康问题。该单元的逆向课程开发步骤参见表5-1。

表5-1　"营养"学习单元的逆向课程开发步骤②

设计阶段		设计内容
环节一：明确预期的学习目标	预期的持久性理解是什么	学生要理解： 平衡的饮食有助于身心健康；金字塔形饮食结构为营养学提供了指导方针；不同年龄、活动水平、体重和健康状况的人，有不同的饮食要求；健康的生活，要根据正确的饮食习惯、锻炼方法、作息时间和卫生习惯来行动
	本单元的基本问题是什么	什么是健康的生活；什么是健康的饮食；什么是搭配合理的饮食结构
	学生在本单元学习中应该掌握的知识与技能是什么	学生将知道： 关键术语（如营养、脂肪、热量、碳水化合物、胆固醇）；食物的种类及其营养价值；金字塔形饮食结构指导原则；影响营养需求的因素；营养不良引起的健康问题
		学生将能做： 阅读并解释食物标签上的营养信息；分析饮食的营养价值；为自己和他人设计一份平衡的饮食菜单

① ［美］格兰特·威金斯、［美］杰伊·麦克泰：《理解力培养与课程设计——一种教学和评价的新实践》，么加利译，195～224 页，北京，中国轻工业出版社，2003。

② 改编自［美］格兰特·威金斯、［美］杰伊·麦克泰：《理解力培养与课程设计——一种教学和评价的新实践》，么加利译，195～224、289～298 页，北京，中国轻工业出版社，2003。

续表

设计阶段		设计内容
环节二：确定可证明学生是否理解的证据	学业表现任务要点	家庭饮食：学生评价某个家庭的饮食习惯，并为他们改善饮食的营养价值提出一些建议 你和饮食：学生要为儿童设计一本带有插图的营养学手册，帮助儿童认识到营养对于健康生活的重要性 准备食品：学生为三天的户外野营活动设计一份菜单
	小测验、提问和作业样本	测验1：食物类型 测验2：美国营养协会所推荐的金字塔形饮食结构
	观察、对话	教师观察学生在完成任务过程中的表现情况；教师在食堂执勤时观察学生的饮食习惯
	学生自我评价	自我评价自己设计的营养学手册；自我评价野营菜谱；通过与单元学习开始时饮食习惯的比较，学生自我评价在单元结束时自身饮食习惯的健康程度
环节三：学习活动安排及教学指导	明确教学目标	分清食物的种类；掌握食物结构金字塔；学会阅读食物标签上的营养信息
	激发学习意愿	呈现船员在航海过程中，患上一种神秘疾病的故事
	逐步探究主题	介绍关键的问题和术语；呈现食物种类的概念，然后相应地对食物进行分类；让学生阅读并讨论 USDA 的营养手册；介绍食物结构金字塔，辨别其中所说的每一类型的食物；阅读并讨论相关的健康书籍；播放并讨论"营养与你"录像片段；让学生设计一本带有插图的营养手册；让学生通过合作学习来分析家庭的饮食结构，并提出改进建议；请专家做一次营养不良导致健康问题的讲座；构建解释食物标签上营养价值信息的模式，并为学生提供练习的机会；允许学生独立完成三天野营活动的菜谱
	反思学习过程	让学生评价自己和同伴的营养手册；小组评价成员对家庭饮食的分析和建议，并做出反馈；学生根据标准自我评价项目的完成情况；学生自我评价饮食习惯
	展评学习所得	评价营养手册，并给予反馈；评价学生的野营菜谱，并做出反馈

（三）逆向课程开发的要领

为了有效落实逆向课程开发，在课程目标、内容、实施与评价设计等方面需要注意以下事项。

1. 设定清晰的理解目标

为了更有效地拟定课程目标，关注学生的理解，应当区分三种课程目标的表达方式[①]：一是"提纲式表达"，既不具体，也不明确，仅仅是泛泛表达出一种轮廓或纲要，没有具体说明应当理解什么，如何理解。例如，"学生将理解内战"。二是"一般的理解目标"，相对明确与具体一些，揭示出应当理解什么，但未能深入课程内部，也很少提供具体方法及评价措施以证明学生实现了以上理解。例如，"学生将理解内战爆发的原因及其影响"。三是"清晰的理解目标"，对课程目标给予了清楚而具体的概括，进一步阐明了为实现以上目标而应当做的工作。例如，"通过历史与社会的分析，再加上其个体主动性的发挥，学生应当理解，内战是国家与联邦势力之间进行的一场战争，这场战争浸透在经济、文化等各个方面，其影响至今仍然存在。"在研制课程目标时，应当设定清晰的理解目标。

2. 明确应当深入持久理解的内容

一些课程涉及的主题，远远超过了教师在有限时间内所能涉及的范围。为此，要对课程内容做出相应选择，确定哪些是最关键与需要持久理解的观点和内容。在设计过程中，可运用课程内容层次的优先选择示意图（参见图 5-1），聚焦出应当深入持久理解的内容。

图 5-1　课程内容层次的优先选择示意图[②]

---

① ［美］格兰特·威金斯、［美］杰伊·麦克泰：《理解力培养与课程设计——一种教学和评价的新实践》，么加利译，37～38 页，北京，中国轻工业出版社，2003。

② ［美］格兰特·威金斯、［美］杰伊·麦克泰：《理解力培养与课程设计——一种教学和评价的新实践》，么加利译，16 页，北京，中国轻工业出版社，2003。

图 5-1 的圆圈代表课程可能涉及的全部内容范围。最外层圆涵盖了学生应当宽泛了解的知识，即相对来说不是十分重要的内容，不需要运用阅读、倾听、评论或研究等方式深入细致地加以掌握。中间的圆表示通过选择而确定的重点知识（事实、概念和原则）与技能（过程、策略和方法）。如果学生不掌握它们，就无法完整理解课程内容。最小的圆是课程内容中最重要的部分，即学生应当深入持久理解的内容。

3. 围绕问题开展课程实施

对于需要深入持久理解的课程内容，必须对其提出问题并加以检验。有人认为，没有提出问题的课程内容，就如同没有经过审查的法庭声明一样，只会表现为充满各种意见的大杂烩，而不会表现为真知灼见。[①] 围绕问题来开展课程实施，可以使学生的学习活动获得有效组织，进而超越随意性，抓住课程内容的关键与核心。没有这些问题支持教师的指导，教学就会沦为表面化的活动。不仅仅是课程实施，整个课程设计都应该使学生意识到，学习活动表现为一种"问题—回答—再问题"的螺旋上升过程。课程开发的一个关键，就是通过提出适当的问题来激发学生思考和推进学生学习。

4. 落实多样化的课程评价方式

在逆向课程开发中，对学生的评价主要以确定的学习目标为标准，还可以把课程内容的层次筛选与评价结合起来，对于学生应当熟悉的内容和一部分应当重点理解的内容，采取传统考试或考查方式予以评价。对于一部分应当重点理解和持久理解的内容，则需要通过实践运用加以评价，这种评价方式具有开放性、复杂性以及权威性等特点。

第二节　信息化模式

通信技术的蓬勃发展，直接促成了课程形式和学习方式的革新，促使微型课程成为"微时代"中的新型课程形式。信息化模式的微型课程开发，强调发挥信息通信技术的效用，注重挖掘现代信息技术的创新潜

---

① ［美］格兰特·威金斯、［美］杰伊·麦克泰：《理解力培养与课程设计——一种教学和评价的新实践》，么加利译，44 页，北京，中国轻工业出版社，2003。

能，旨在为学生学习提供丰富系统的学习材料以及多元交互的学习平台。目前，已经形成了多种具体开发模式，主要包括 60 秒视频模式、"8＋1"微课模式、支架导学模式、网络探究模式、多元智能模式和学习中心模式等。

一、60 秒视频模式

麦格鲁（McGrew）针对《有机化学概论》教材篇幅很长导致学生需要花很多精力去学习的情况，提出了 60 秒课程，分为三个部分：概念引入、概念解读和生活实例。[①] 从知识结构上来说，每个 60 秒课程都是完整、独立、短小和内容高度凝练的，可在一些非正式场合（如舞会上或电梯内）播放，向非化学专业的学生以及民众普及有机化学知识。

类似这些微课，既可以供学习者上网自行学习，也可以用于学校中的翻转课堂（flipped classroom）创新。传统的教学过程是学生在课上学习新知识，在课下消化巩固。翻转课堂的尝试则将这个过程颠倒过来，教师先把课程内容制作成视频传到网上，让学生课前学习（还可以在其他任何时间、任何地点学习），这样知识的传授就转移到课堂外，而知识的消化和吸收则转移到课堂上，课堂上师生共同解决学习中遇到的困难问题。学生课前学习的视频内容要少而精，有讲述一个知识点的，有演算一道习题的，有针对某一常见的学习困难进行讲解的，也有就某一课程内容进行拓展的。学生学习微视频，可以自定步调，反复观看有难度的内容。家长也可以和学生一起观看，帮助学生解决一些学习问题。

当学校里的许多教师都录制了微视频之后，学校可以按知识点归类建成一系列的视频课程库。比如，讲解光合作用的视频，由五位不同的教师录制，他们讲课的方式、列举的例子各有不同，学生可以找到适合自己学习特点的课程。同时，一名学生观看多位教师的讲解，相当于得到了多位教师的指导。开发基于信息技术与课目教学整合的视频微课，已经势不可挡。

---

① LeRoy McGrew, "A 60-Second Course in Organic Chemistry," *Journal of Chemistry Education*, 1993（7）, pp. 543-544.

二、"8＋1"微课模式

信息化视角下的微课，在由"资源形态"发展为"课程形态"的过程中，不断充实着自己的构成要素。综合起来，其课程开发可统整为"8＋1"模式（参见图5-2）。"1"为核心，即微视频。"8"为配套的微设计、微导学、微课件、微测试、微资源、微反馈、微反思和微点评，前五者主要是预设的，后三者主要是生成的。这些要素并不是相互独立或线性排列的，在开发过程中需要综合考虑各要素之间如何关联以发挥协同作用。

图 5-2 "8＋1"微课模式示意图

微视频可采用课堂直接拍摄、计算机屏幕录制、专门软件制作等方式开发。常用的屏幕录制软件有"喀秋莎"（Camtasia Studio）和微软录屏工具（Microsoft Snip）等，专门软件有白板软件（Open-Sankore）、绘声绘影和 Flash 等。在制作微视频时，要考虑多媒体视觉和听觉表达，尽量利用图表等工具将文字和数据视觉化，这样有助于学习者在短时间内对知识的记忆和理解，但不要过度，不能影响实际教学内容的准确传达。视频时长一般在5～10分钟，以便学习者保持专注。同时，为了增强学习效果，有必要开发"交互型"视频，即在视频内嵌入交互操作。常用的交互方式有三种：第一，提问交互。教师在视频中提问，并提示学习者点击暂停键进行思考。第二，测试交互。能帮助学习者不断检验知识的掌握情况，为学习者营造一种"闯关式"学习体验。第三，画面热点交互。通过鼠标单击画面的某个位置，视频会自动跳转至其他时间点、网页链接或相关视频片段等。这种交互方式使原本线性的微视频学习转变成个性化非线性的学习，也将学习指导单、辅助资源等其他要素有机融合在微视频中，从而保证学习过程的灵活性和有效性。这种交互方式还可以将不同的微课程通过网页跳转连接起来，形成个性化的微课程学习路径和知识体系。但是，设计时要注意指引清楚，不要导致学习者在多个热点链接中迷失方向。

微设计即微课的教学设计，包括课程名称、教学目标、知识点/技能点类型、适用范围、本课程与前后其他微课的关系、教学过程以及设计意图等。微导学指微学习指导单，给予学习者学习方法和问题思考等导引。微课件要求内容正确、层次清晰，符合学习者的认知规律并体现艺术性，可以综合使用多种工具加以制作，如普及率较高的演示文稿软件PowerPoint、在线缩放式演示文稿编辑器 Prezi、交互性课件制作工具Articulate 等。微测试是对学习者掌握知识程度的实时检验，可独立设计，也可嵌入微视频，主要以单选题、多选题、填空题为主，还可以设计一些开放性和挑战性的题目，以促进学习者之间的讨论与协作以及知识的深度运用。微资源指与微课内容紧密相关的一系列拓展资源，包括文字、图片、音频和视频等。资源应给出相应的使用指引，以便学习者更为有效地加以利用。微反馈指学习者的反馈意见。微反思指教师对微课设计与实施效果的小结。微点评即用户大众的评论与留言。

三、支架导学模式

当微课服务于学生的知识与技能学习时，常常被设计为"讲授式"视频，让学生通过观看视频来"接受"知识与技能。早期的微课甚至被理解为一次完整课堂教学的某个环节或片段。在关注教师"教"走向关注学生"学"的理念指引下，2014 年年初广东省中山市教研室李宇韬提出将微课建设定位为助力教学方式变革，重视学生思维培养，进而构建了服务于学生个体自主探究学习的支架导学微课模式。该模式开发的微课并不是直接讲授某个知识内容，而是围绕学生要学习的内容，设计一系列的思考问题与活动，引导学生思考和探究。学生根据视频的指引，适时暂停视频进行思考或活动，并将这些思考或活动结果记录在"自主学习单"上。学习结束时，再根据学习单中的练习进行自我检测。支架导学微课通常包括时长5～10分钟的微视频、记录学生探究学习过程与基础检测的"自主学习单"及探究活动需要的学具等。以下是辅助人教版四年级下册"三角形的内角和"第一课时学习而设计的导学微课。①

创设"数学专案组"故事场景，引出需要破解的数学问题，以侦探小柯、助理小兰作为主要人物，通过对话、问答等方式引导学生学习思考。提出探究问题：三角形的特性。

寻找第一条线索：是哪部分的特性？将此问题作为第一个思考问题，让学生先猜想并记录。接着引导学生以三角形的组成要素为主线梳理三角形的分类与已知特性，发现知识之间的联系，从而找到答案：角的特性。

寻找第二条线索：角有什么特性？提出问题：与几个角有关？让学生经历"1个角、2个角、3个角"一一列举、逐个分析与排除的推理过程，找到答案：与3个角的和有关。

寻找第三条线索：3个角的和有什么特性？根据前面给出的两个特殊三角形发现"3个角的和是180°"，提出猜想：任意一个三角形3个角的和都是180°吗？暂停视频，让学生记录此时的思考。

操作验证猜想。暂停视频，学生拿出学具，进行"量"与"拼"的操作验证：画一个任意三角形，量出3个角求和，判断是否为180°；分别将按角分类的三角形的3个角拼成一个角，判断拼成的是否为平角。获得结论：三角形3个角的和是180°。在此基础上给出"内角"这一概念名称，将探究获得的结果完善为本课要学习的数学结论：三角形的内角和是180°。

接着，学生尝试利用这一数学结论解决相关数学问题。微课的最后，回顾学习过程，概括数学探究的一般思维方式。当视频结束后，学生在学习单上完成基础性检测题，尝试对"三角形的内角和"提出质疑。

---

① 本案例设计者为李宇韬，系广东省中山市教育教学研究室小学数学教研员、正高级教师。

选取学生能够独立自主学习的内容来开发支架导学微课，给学生提供学习与思考的支架来引导学生进行探究学习，可以使学生在充分经历思维活动的过程中实现深度学习。

四、网络探究模式

网络探究模式是依托网络平台促进学习者充分利用网络学习资源进行专题探究的微型课程开发模式。一般而言，该模式紧扣学生的专题探究学习，基于一个网络平台，开发出"导言""任务""过程""资源""评价""结论"及"教师指南"等模块。在实际开发中，可根据具体情况合并一些模块或对以上模块进行一定的增删取舍。以信息技术 WebQuest 活动课"畅游杭州西湖"为例，网络探究模式的各模块如下。[①]

（一）导言

导言主要是创设一个问题情境并简要罗列出所要解决的问题。在"畅游杭州西湖"的第一堂课上，教师用 Flash 课件回顾赞颂西湖的古诗词，让学生领略西湖之美。在此基础上，引出问题情境：现在有一批外地游客想领略西湖之文化，想知道西湖之特产，……

（二）任务

此模块说明要进行的教学活动和完成的学习任务。教师导入问题情境后，根据学生的认知水平，抛出学习任务：你们将作为导游，利用 WebQuest 网站"相关资源"中提供的网址，为前来参观的游客们准备一份西湖要点介绍。

（三）过程

此模块呈现学习者将如何完成学习任务，为学习者设置完成任务的"脚手架"，并将任务分解成循序渐进的若干步骤。教师给定学习任务后，就开始将任务分解为若干清晰的步骤：第一步是合作小组确定研究主题。学生以旅行团的形式成立合作小组，教师提供选题，如西湖的地理位置、美食、交通住宿等，最终由学生小组自主确定主题。第二步是小组自主探究，利用搜狐搜索和下载西湖的相关资源。第三步是筛选并表达信息，主要是围绕主题筛选适切的网络信息或资源。第四步是评价，主要从内

---

① 改编自杨鸿华：《小学信息技术 Webquest 活动课的设计案例》，载《教育信息化》，2002（12）；徐谊：《信息化微型课程的开发与应用》，载《中小学管理》，2005（9）。

容的组织、文章的整体布局等方面开展评价。

(四) 资源

完成任务必需的资源，主要包括信息化电子资源，也包括纸质文献等。教师事先提供丰富的资源，有"如何使用搜狐的操作步骤分解"课件，还有相关网络资源，如国家与地区、旅游与交通、杭州旅游等网址。

(五) 评价

此模块列出衡量任务完成情况的评价标准，并为学习者描述他们的学习活动将得到何种评价。评价人员既可以是教师，也可以是家长、学生自己、专家等。例如，在"畅游杭州西湖"这节课中，各个小组紧扣各自的主题进行合作探究，最后形成一份研究报告。针对研究报告，开展小组互评、自我评价、教师点评等。

(六) 结论

此模块主要对活动进行小结，总结学习者通过完成这项活动学到的东西，同时也鼓励他们对问题进行深入思考。例如，在"畅游杭州西湖"这节课中，教师组织学生汇报研究成果，带领学生回顾和总结所学到的知识。运用搜狐的分类目录找到网站的方法，实际上就是在了解事物分类的过程；通过小导游的形式，学生欣赏到美丽的祖国山河、品味了西湖悠久的历史文化……

(七) 教师指南

教师指南主要包括学习者分析、课程标准、教学目标、教学建议、学生学习的案例分析等。例如，以上案例在网络平台上集成了参考教案、学生优秀案例、教学资源、其他相关资源和课堂讨论等教师指南。

五、多元智能模式

多元智能模式是基于多元智能理论，借助丰富的网络资源，采用主题教学的方式，促进学生多元智能发展的微型课程开发模式。以下结合"认识自己"课程的设计，分析该模式的开发步骤。[1]

---

[1] 改编自祝智庭、钟志贤：《现代教育技术——促进多元智能发展》，330～333 页，上海，华东师范大学出版社，2003；杨海茹、刁永锋：《基于多元智能理论的信息化教学设计模式构建》，载《中小学电教》，2005（7）。

（一）主题名称

在学习者分析和学习需求分析的基础上确定主题。比如，为了帮助小学五年级学生提高自我认识智能，学会正确评价自己，学会自我排解的方法等，确定了"认识自我"的学习主题。

（二）教学对象

介绍本课程适合的学生年级或年龄阶段，深入分析学生的智能发展状况和特征。例如，"认识自我"课程主要面向小学五年级的学生，整合了《小学生综合性实践（试用）》三年级和五年级的内容。

（三）学科领域

主要介绍本课程涉及的学科领域，具体涉及的知识单元和知识点，分析和阐释其在促进多元智能发展方面的意义。"认识自我"课程涉及健康教育、语文、美术（手工）、综合实践等内容。

（四）课程目标

拟定和阐明主题教学所要达到的总目标，明确学习活动所要开发的智能类型及要达到的预期学习目标。"认识自我"的课程目标分为单元总目标和多元智能目标。其中，总目标主要是认识自我，学会自我评价，增强自信心，懂得身心健康的含义，学会简单的心理调适方法。多元智能目标主要从自我认识智能、人际沟通智能、语言智能和身体运动智能四个方面设定目标。

（五）实施策略

着重阐述本课程应用的智能教学模式或方法（如角色扮演、小组合作、网络化活动学习等）。例如，"认识自我"课程主要采用角色扮演和小组合作的方式。在认识自我的活动中，小组成员之间可以互相帮忙寻找优点。在分组开设的"心理诊所"中，学生扮演不同的角色，互诉衷肠。

（六）时间安排

介绍开展本课程教学所需的时间，包括教学周期和单元教学计划安排。例如，"认识自我"课程考虑到课程目标的达成和学生操作计算机的熟练程度，安排了 2～3 个课时，时长为 1 周。

（七）学习资源

强调提供学习活动所需的各种资源，包括软件、硬件和人力资源等。

同时，强调营造良好的学习环境和充分利用信息技术以促进教学和智能的发展。"认识自我"课程提供了丰富的学习资源，包括心理健康方面的书报、智能自检表、剪刀和名片纸、投影仪、计算机等。其中，特别强调发挥信息技术的作用，如在线自测智能、在线搜集心理调适的有效方法、用计算机制作交友名片等。

（八）过程设计

选择和阐明学习者完成本课程学习的具体步骤和教师提供的学习策略与建议，对不同的智能类型培养和发展目标做出全面规划和有侧重的安排。"认识自我"课程设计了不同的学习活动，旨在培养学生不同类型的智能。教师组织学生在线填写智能自检表，认识自己的强弱智能，旨在提高学生的自我认识智能；教师组织学生组成交友小组，制作 PPT 来介绍自我，旨在增强学生的人际沟通智能；教师组织学生用 Word、Photoshop 等软件设计个人交友名片，进行交流展示，旨在提升学生的语言智能和身体运动智能。

（九）成果展示

学习成果展示可以根据学生智能发展的要求采取多种形式，如纸质作品、报告、网站、电子作品等。"认识自我"课程的学生学习成果是丰富多彩的，有智能自检表、认识自我表格、心灵药方、交友名片等。

（十）交流评价

对学习成果进行交流和评价，可采用多元评价方式，并注意提供相应的评价量表和其他的学习检测工具。例如，围绕"认识自我"课程的学生学习成果，师生共同制定了评价量表，开展了师评、互评、自评等。

六、学习中心模式

通过对微型课程案例进行分析，特别是对其设计优势进行提取、总结与整合，人们尝试建构了学习中心的微型课程开发模式。[①] 该模式主要有四个步骤：确定学习目标、选择学习内容、设计学习活动和设计学习

---

① 罗丹：《微型课程的设计研究》，硕士学位论文，上海师范大学，2009。

评价（参见图 5-3）。其中，选择学习内容和设计学习活动时，主要结合微型课程自身的特点，对学习资源和学习支架/帮助进行设计，再根据实际需要选择性地进行学习情境设计和学习拓展设计。学习评价设计旨在搜集反馈信息，用以改进和提升学生学习，以及进一步修改和完善课程。该模式主要用于学生自主学习，教师则主要凭借网络平台提供实用的学习内容、丰富的学习资源和有效的学习支架等。

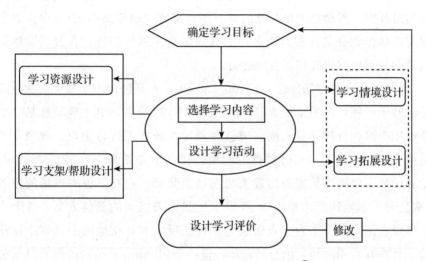

图 5-3　学习中心微型课程开发模式[①]

第三节　整合化模式

整合（integration）主要有融合、集成、成为整体、一体化等含义。随着信息社会的到来，信息技术与课程开发的双向整合，使信息文化与人的学习生活融汇成为有机的统一体。[②] 在这样的背景下，整合化的微型课程开发模式得以凸显。该模式始终聚焦于学习者的学习，在不断发展的过程中已经形成了多种子模式，较具代表性的有基于问题学习、基于案例学习、基于资源学习、基于情境学习和基于协作学习的模式。

①　罗丹：《微型课程的设计研究》，硕士学位论文，上海师范大学，2009。
②　黄甫全：《试论信息技术与课程整合的实质及基本原理》，载《教育研究》，2002（10）。

一、基于问题学习的模式

基于问题学习（problem-based learning）的模式，是教师以多媒体的形式向学生提出结构不良或开放性的问题，接着学生进行探究，一直持续到发现最佳方案为止。[①] 教师提出的问题主要是学生在课目学习中所遇到的问题以及结合学生的生活经验创设的开放性问题情境。在解决问题的过程中，教师借助信息化的学习平台搭建"脚手架"，引导学生思考探究，学生充分整合和运用多种学科知识和生活经验等，在分析、解决问题的过程中习得知识和发展能力。

"时间计算与空间定位"（Time and Place）是针对小学四年级学生开发的基于问题学习的微型课程。该课程时长 30 分钟，其主要目标是学生能够用小时、分钟计算时间，能够在新加坡地图上进行定位。教师从学生的生活经验出发提出开放性的问题：让学生去帮助一个朋友 Ahmad，他和他母亲要准时从家里出发去机场接他父亲，现有三种去机场的方案（乘公交车、地铁或出租车），要求学生找出去机场的最佳方案。各个小组可以在网络学习平台上点击选择一种交通方式，在地图上规划出行路线，计算其所用时间，填写活动单，最终确定 Ahmad 最佳的出发时间和出行路线。该课程以学生学习为中心，结合学生的生活经验和所学知识，设置了开放性问题，充分发挥了信息技术的作用，整合了数学、地理等课目的重点知识，学生通过合作探究找到了解决问题的最佳方案。

二、基于案例学习的模式

基于案例学习（case-based learning）的模式，是在学生获取解决问题的必要知识的前提下，教师给学生呈现问题或某种情景，学生从探究现象开始进行生成性学习，通过特殊了解一般，从而加强学习的迁移效应。[②] 在案例分析的过程中，学生借助网络平台分析多种信息、知识等，并将所学

---

① 刘运华、裒克定、赵国庆：《新加坡微型课程研究项目的实践及启示》，载《中国电化教育》，2005（11）。

② 刘运华、裒克定、赵国庆：《新加坡微型课程研究项目的实践与启示》，载《中国电化教育》，2005（11）。

的课目重点知识整合到案例分析中，最终综合所有信息资源做出决策。

"宠物还是麻烦"（Pets or Pests）是针对小学四年级学生开发的基于案例学习的微型课程。该课程时长 60 分钟，其主要目标是学生能够略读和浏览信息，能够综合分析信息从而做出决策。教师围绕学生的生活经验设置了这样的学习情境：Sue 在回家路上偶遇一只可爱的流浪小狗，她把它抱回家，告诉亲友，想收留这只小狗。教师要求学生阅读亲友们的不同反应，帮助 Sue 做出决策。非常巧妙的是，为获得亲友的意见，学生必须先通过点击链接进入一些网页完成填空练习，填空的内容均属于英语的重点知识，如代词、动词等。最后教师提供了若干与宠物有关的网址，学生综合分析所有信息后做出决策。该课程将学生英语学习所要掌握的重点知识融入案例分析，整合了知识、情感、态度、价值观等要素，充分利用网络资源，为学生做出科学决策提供了多方面的信息和资源。

三、基于资源学习的模式

基于资源学习（resource-based learning）的模式，是学生通过链接进入网络阅读或搜集各种信息、事实、观点进行学习，并对各种不同的观点加以分析、比较和整合。该模式强调围绕课目中的基础知识，借助网络平台整合相关资源，引导学生联系生活经验等加深对所学课目知识及其意义的理解和掌握。

"发明者和发明"（Inventors & Inventions）是针对小学五年级学生开发的基于资源学习的微型课程。该课程时长 30 分钟，其主要目标是学生能够说出一些发明者，用自己的话描述一些发明，解释这些发明如何影响生活。教师引导学生关注身处的信息技术环境，以空调为例说明这些技术发明对提高生活质量的重要意义。在学生活动的过程中，教师为学生提供学习支架，包括相关的网络资源、有意义的问题、活动清单等。借助活动清单等，学生合作发现各种各样的发明、查明其发明者、探讨该发明的作用并描述它对生活的影响。

四、基于情境学习的模式

基于情境学习（simulation-based learning）的模式，是教师创设虚拟的学习情境，引导学生在情境体验中观察和思考特定的现象。情境学习不同于案例学习，案例学习是静态的学习，而情境学习是动态的学习，情境随着活动和交互的变化而变化。① 该模式的特别之处是依托先进的网络信息技术，锻炼和培养学生课目学习中的某种重要能力，如思维能力等。

"发明及其发明者"（Inventions and Their Inventors）是针对小学五年级学生开发的基于情境学习的微型课程。该课程时长 30 分钟，其主要目标是学生分组进行头脑风暴产生一系列新想法，用完整的句子表达自己的想法。教师密切联系学生的日常生活，选取学生熟悉的轮滑鞋、带橡皮的铅笔、牙刷这三种发明加以介绍。就每一项发明而言，教师简要介绍其发明者之后都要进行类似提问：如果让你对这一产品进行创新，你将怎样做？借助于教师提供的网络资源，学生的主要任务是为这三项发明增加新的功能。比如，两端都有毛的牙刷等。教师还制定了活动规则，鼓励学生发挥创造性，给出尽可能多的创意。最后，小组合作用完整的句子表述创意想法，填写活动清单。该课程培养出的创造性思维能力，可以迁移到学生各个课目的学习中去。

五、基于协作学习的模式

基于协作学习（collaboration learning）的模式，是教师结合课目的重要内容，引入一种问题情境，学生按照合作学习的"拼图方式"（jigsaw puzzle）将任务分配给小组各个成员，不仅每个学生分担特别的角色和任务，而且小组需要协作完成共同的任务，最后各个小组齐心协力完成整个任务，从而形成解决问题的活动方案或研究报告。整个过程不仅注重学生对课目知识的理解，也强调培养学生通过网络搜集资源的信息素养。其优点是有利于培养学生的团队精神和协作能力，锻炼学生搜集和整合信息以解决问题的能力，其缺点在于相对耗时。本章所附"保护海洋生物"是针对小学四年级学生开发的基于协作学习的微型课程。

---

① Shanti Divaharan & Philip Wong, "microLESSONS™: A Tool to Encourage Student-centred Learning," *Teaching and Learning*, 2003 (1), pp. 15-25.

微型课程案例"语文地图：沈氏园中错错错——绍兴"①

一、"语文地图"课程简介

"语文地图"校本微型课程，通过语文课程与地理课程的整合，还原文学作品的原产地，促使学生在具体的地理环境中感悟文学作品的感情与魅力，拓宽文学知识，提高欣赏美和鉴赏美的能力，全面提高语文素养。一张地图，中国的大好河山尽收其中，中华五千年的历史文明变迁于此。那些耳熟能详的唐诗宋词，那些脍炙人口的古今美文，在微型课程中回到了其文化的原产地，为学生指出了它们属于哪座山、哪条河、哪座城市、哪条街道，甚至哪座亭子、楼阁和墓碑……在课程中，学生可以明白怎样的地理环境、怎样的风土人情孕育了那些诗人、作家，他们穷尽一生的心血来表达对那一片故土的思念与感恩；学生可以知晓怎样的朝代更替、怎样的民不聊生，才有了当时诗人颠沛流离中对战乱的痛恨和对"一将功成万骨枯"的无奈。从语文出发，整合历史、地理相关方面的知识，学生学到的知识能够融会贯通，真正落实综合性学习，进而从语文学习走向文化学习。

以与人教版八年级上册课文相配套的微型课程为例，教材第一单元第一课新闻两则《中原我军解放南阳》提到南阳，其他文章多是外国篇章，微型课程第一站定位为南阳。第二单元选取了鲁迅的《阿长与〈山海经〉》，而且初中语文教材选取了鲁迅的多篇文章，将第二站定位为鲁迅的故乡——绍兴。第三单元重点课文是《苏州园林》，本单元为说明文，更加应该让学生了解当地的风土人情，由此将第三站定位为苏州。第四单元为科技文，无法定位出具体的地理位置，所以选取第三单元《故宫博物院》所在的城市——北京。第五单元的重点古诗是《杜甫诗三首》，故定位为杜甫的故乡——襄阳。第六单元有两篇文章《观潮》和《湖心亭看雪》皆是写杭州风景，因此定位为杭州。考虑到学校教学中一般是古文和现代文交叉进行，所以这六次课的先后顺序根据国家课程的教学安排来进行，总体来说课程内容包括以下六个模块。

第一站 芳洲名冠古南都——南阳

---

① 本案例设计者为杨楠楠，系华南师范大学课程与教学论专业硕士生。

第二站　沈氏园中错错错——绍兴

第三站　夜半钟声到客船——苏州

第四站　通衢巷陌尽繁华——北京

第五站　汉水如天泻沄沄——襄阳

第六站　淡妆浓抹总相宜——杭州

地理知识的选择与人教版地理八年级上册的内容一致，主要包括地形、气候、河湖、交通和古迹五个方面。通过调查得知，在学校教学安排中，地理课程一般是每周3～4节课，一般内容为每周学习一单元，重点内容为两周学习一单元。这样，在前两次微型课程的学习中，学生还未学完以上所列五方面的地理知识，所以需要地理教师配合调整相应的教学安排，首先进行二、四单元的学习。已咨询过地理教师，这并不影响学生的地理学习效果。

二、"沈氏园中错错错——绍兴"课程设计

（一）学习目标

本课程配合国家课程，在八年级第一学期学完第二单元后进行。主要目标是了解绍兴的具体地理环境，在"旅游观光"中学习多篇绍兴籍作家的文学作品并感悟其感情与魅力。

（二）教学方法

1. 问题探究

学生初读感知材料，根据自己已有的经验（因为是与国家课程同步的）对材料进行初步理解，并在小组中交流，在这一过程中发现问题、提出问题。学生要在教师的指导下自主发现问题、探究问题、获得结论。

2. 活动体验

开展"我是小导游"的活动，每组学生推选1名同学做导游，带同学了解相应地点的风土人情，要讲解相关知识，回答"游客"的问题。教师是团长，导游无法解决的问题可求助团长，但每人只有三次求助机会，以此来督促小导游们好好备课。

（三）环境开发

教师可以充分利用课室环境布置来创设情境。比如，前后黑板贴上地图，包括中国的省市分布图、地形图、气候分布图、河湖和交通图；

左墙边拉上长绳，挂满画展的图片和古道今论的文章；右墙则开辟出一部分空间作为留言板，让学生畅所欲言。

（四）课程实施

1. 图说

图说即地理定位，在地图上找到城市所在位置，地图包括中国城市分布图、地形图、气候图等，结合地理课程所学内容，了解当地的地理特征。开展"我是小导游"的活动。

绍兴位于浙江，古称越，是著名的历史文化名城，也是有名的水乡、酒乡和桥乡。绍兴历史悠久，名人辈出，景色秀丽，物产丰富，有"文物之邦"和"鱼米之乡"的美誉。

地形：地貌可概括为"四山三盆两江一平原"，即会稽山、四明山、天台山、龙门山、诸暨盆地、新嵊盆地、三界—章镇盆地、浦阳江、曹娥江、绍虞平原。

气候：绍兴市处于中、北亚热带季风气候过渡地带，季风气候显著，四季分明，雨水充沛，日照丰富，湿润温和。"三大盆地"气候各具特色，局地性小气候资源丰富，但洪涝、干旱和低温冷害等常有出现。

河湖：绍兴素有"东方威尼斯"之称，境内大小河流总长约 1 900 公里，主要河流有曹娥江、浦阳江等，主要湖泊有鉴湖等。

交通：铁路（杭甬线、沪昆线、杭甬客运专线），公路（杭甬高速、上三高速、甬台高速、甬金高速、嘉绍高速、诸永高速）。

古迹：鲁迅故里、周恩来祖居、大禹陵、东湖、兰亭、沈园、新昌大佛寺、曹娥庙、英台故里、柯岩、青藤书屋、吼山、若耶溪等。

2. 画展

画展即以图片形式展现当地的风景古迹，主要选择中学阶段已学或将要学的内容。开展"我是小导游"的活动。

鲁迅故里图片10张，沈园、英台故里、若耶溪图片各3张。

3. 古道

古道所选取的篇章都是国家课程中相同作者的不同文章或者不同作者的相似文章，与教材中的文章相关、相似、互通、互证。运用"问题探究"方法，小组合作讨论在初读过程中发现的问题，小组内不能解决的问题交由班级集体讨论，在此过程中教师可以充当组织者和指导者，防止学生讨论的问题偏离课程的主要内容。

《钗头凤》（陆游）

《钗头凤》（唐婉）

《沈园二首》（陆游）

《入若耶溪》（王籍）

《越中览古》（李白）

《山居秋暝》（王维）

4. 今论

今论所选取的篇章也是国家课程中相同作者的不同文章或者不同作者的相似文章。运用"问题探究"方法。

《从百草园到三味书屋》《社戏》（鲁迅）

《阿长与〈山海经〉》（鲁迅）

《春》（朱自清）

《背影》（朱自清）

《水上的绍兴》（叶文玲）

5. 名人簿

名人簿着重让学生了解当地的历史名人，所学名人也是学生中学阶段已学或将要学的人物，这是一个扩充作家知识的环节。陆游、鲁迅和朱自清都是学生中学阶段要重点了解的作家。开展"我是小导游"的活动。

勾践，春秋时期越国君主。

王羲之，东晋世家大族、大书法家，有"书圣"之称。著有《兰亭集序》。

陆游，南宋爱国诗人、学者、史学家。

鲁迅，原名周树人，无产阶级文学家、思想家、革命家。

朱自清，中国现代著名诗人、散文家。

6. 留言板

留言板是课堂反馈、学生畅所欲言的载体，学生可以将自己的感受、想法和疑问等写在留言板上与其他同学交流讨论。

教师可以根据以前课程中普遍存在的问题和留言板中的问题，预测学生在下次课程中可能存在的问题，为下一次开展相应活动校准方向。

微型课程案例"谁需要数学"

一、学习目标

选定某种职业，探索该职业怎样运用数学；将数学与职业选择相结合，彰显数学的人文和社会价值。

二、开课年级

七年级。

三、时长/模式

约两周/ WebQuest 模式。

四、学习活动①

（一）导言

想象一下现在已经过去 30 年了！你的女儿勒内（Rene）对你说：她的学校将要举行每年一次的职业日。你将作为优秀代表展示你的职业是如何运用数学的。你通过阅读相应文件知晓学校将对什么样的展示给予嘉奖。这个奖励就叫"谁需要数学奖"。你想赢得这个奖励，就必须向学生展示"学习数学"和"运用数学"的价值。

所以，事不宜迟，开始你的探究吧。

（二）任务

你的任务是研究你的职业，发现数学在这份职业中的重要性，并且进行一次 PPT 展示。你的展示需要包含以下几个问题的答案。

你的工作需要用到哪些数学课的知识？

你的工作还要用到哪些课或考试中的内容？

你每天的典型工作大致是怎样的？

你的工作是怎样运用数学的？

你的工作薪酬范围是多少？

① 该案例根据 Louis Silva 的课程设计"Math, Who Needs It? WebQuest"改编而成。

（三）过程与资源

你是这方面工作的专家，并且很早以前就达到了专业标准。所以你需要搜集与这个职业相关的最新信息。

第一，查看下面职业链接来帮助你了解现今每个工作的现状。

职业手册（任课教师提供相应网址）

美国劳工统计局（BLS）职业信息（任课教师提供相应网址）

以上网站有权威且专业的职业信息，而且每种职业都给出了详细具体的特征介绍和描述。

第二，通过大学相关文件来查询你的职业需要用到的数学课和其他课的内容。

美国高等教育指导中心（CSUS）专业（任课教师提供相应网址）

加利福尼亚大学戴维斯分校（UC Davis）专业（任课教师提供相应网址）

第三，通过第一点中提及的链接资料，查询这个职业典型的一天生活。

第四，查询这个职业是怎么使用数学的。

数学在线应用（任课教师提供相应网址）

数学的应用（任课教师提供相应网址）

第五，制作幻灯片，并在班级上展示你的PPT。应包括以下主要内容。

第一张：谁需要数学？

这张幻灯片主要介绍你的职业，通过一些照片引起观众的兴趣。

第二张：你的工作需要用到哪些数学课的知识？

列出你的工作需要用到的大学或职业学校的数学课程内容。写出每门课的具体名称。比如，微积分1（Calculus 1）就符合要求，但是数学21A（Math 21A）就不行。如果你的工作不需要大学教育，可以列出高中的要求。

第三张：你的工作还要用到哪些课或考试中的内容？

列出你的工作还需要用到的大学或职业学校的其他课程内容，包括你需要参与的全部考试和课程。如果你的工作不需要大学教育，可以列出高中的要求。

第四张：你每天的典型工作大致是怎样的？

详细描述有代表性的、你从早到晚的一天工作。确保加入一些与工作伙伴的日常接触，以及在一整天中什么时候运用到数学。

第五张：你的工作是怎样运用数学的？

工作时是怎么运用数学的，具体说明什么时候以及在哪里会用到数学。说明数学在这个职业中的重要性。

第六张：你的工作薪酬范围是多少？

写出你的工作薪酬范围。包括起始薪酬以及可获得的最高薪酬。

（四）评价

依据以下具体标准来给你评分（参见表5-2）。

表5-2 学习活动的评价标准

	合格（1分）	良好（2分）	优秀（3分）	典范（4分）	分数
口头表达	语调单一，对材料不感兴趣	很少眼神交流，语速过快，表情呆板，口齿不清	发音清晰，表意明确，但有些缺乏自信	发音非常清晰，表意非常明确	
拼写/语法	出现很多拼写和语法错误	出现一些拼写和语法错误	很少出现拼写和语法错误	没有拼写和语法错误	
创造性	几乎没有原创的或有创意的展示内容	很少有原创的或有创意的展示内容	有一些原创的或有创意的展示内容	有非常优秀的原创的或有创意的展示内容	
内容	无组织性，未达到一半以上的要求	达到一半以上的要求，组织得较好	组织得很好且达到大部分要求	组织得非常好且达到全部要求	

（五）结论

祝贺你！结果已经出来了，你通过自己的努力，获得了"谁需要数学"奖励。当你回想任务时，你会觉得惊奇，做好一份工作需要投入那么多的努力和运用那么多学校中学到的数学知识。

微型课程案例"蓝珊瑚任务：保护海洋生物"①

一、学习目标

学生能够搜索到相关信息；学生能够总结和展示信息；学生形成保护海洋生物的意识，掌握一些保护海洋生物的方法。

二、开课年级

小学四年级。

三、时长/模式

60分钟/学生中心。

四、学习活动

（一）任务概述

你是一名海洋生物学家，你要加入一个小组，该小组的任务是拯救一片受污染的"蓝珊瑚"区域。这样做才能使人类的后代受益于这片区域。比如，这片区域可以使人们得到关于海洋生态保护的教育。如何阻止对珊瑚生长海域的更严重的污染，你们小组要提出建议。每一位组员都要搜集信息，并将这些信息整理成一份报告提交到"蓝珊瑚"总部。

（二）资源提供

你可以登录老师提供的相应网站，也可以利用其他相关资源。

（三）角色分工

请你在以下拼图中选择一个角色（参见图5-4），并点击相应区域，了解你作为"蓝珊瑚任务"的成员之一必须要做什么。

---

① 该案例根据 Shanti Divaharan 的课程设计 "Misson Blue Coral：Conservation of Marine Life" 改编而成。

图 5-4　蓝珊瑚任务

1. 珊瑚专家任务

只需点击以下图标就能得到你的高度机密的任务单（参见图 5-5）。认真阅读任务指引并搜索所需信息。请记住，"蓝珊瑚"区域珊瑚的命运掌握在你手中。时间不多了……

图 5-5　珊瑚专家机密任务单

亲爱的珊瑚专家：

你现在被赋予的任务是搜集蓝珊瑚区域中的珊瑚信息。

你要找的是两种珊瑚的详细信息。选择任意两种珊瑚并根据以下指引搜集相关信息。

当你完成了信息搜集，就可以与你的团队成员一起完成报告了。

珊瑚 1

珊瑚名称：

这种珊瑚在什么样的环境下才能生存？

_____

_____

这种珊瑚以什么为食？

_____

_____

_____

什么原因导致了这种珊瑚被破坏或死亡？

_____

_____

_____

你的团队能够做些什么来拯救这种珊瑚呢？

_____

_____

_____

珊瑚 2（指引同上，此处从略。）

2. 海洋哺乳动物专家任务

只需点击以下图标就能得到你的高度机密的任务单（参见图 5-6）。认真阅读任务指引并搜索所需信息。请记住，"蓝珊瑚"区域哺乳动物的命运掌握在你手中。时间不多了……

图 5-6　哺乳动物专家机密任务单

亲爱的海洋哺乳动物专家：

你现在被赋予的任务是搜集蓝珊瑚区域中的海洋哺乳动物信息。

你要找的是两种海洋哺乳动物的详细信息。选择任意两种海洋哺乳动物并根据以下指引搜集相关信息。

当你完成了信息搜集，就可以与你的团队成员一起完成报告了。

哺乳动物 1

> 哺乳动物名称：

这种哺乳动物在什么样的环境下才能生存？

_____

_____

_____

这种哺乳动物以什么为食？

_____

_____

什么原因导致了这种哺乳动物的死亡？

_____

_____

_____

你的团队能够做些什么来拯救这种哺乳动物呢？

_____

_____

_____

哺乳动物 2（指引同上，此处从略。）

3. 污染管制员任务

只需点击以下图标就能得到你的高度机密的任务单（参见图 5-7）。认真阅读任务指引并搜索所需信息。请记住，"蓝珊瑚"的生存掌握在你手中。时间不多了……

图5-7 污染管制员机密任务单

亲爱的污染管制员：

　　你现在被赋予的任务是弄清楚什么原因造成了蓝珊瑚区域的污染。

　　选择任意两种危害海洋生物的污染原因，并根据以下指引搜集相关信息。

　　当你完成了信息搜集，就可以与你的团队成员一起完成报告了。

原因1

> 原因：

海洋遭受了怎样的危害？

_____

_____

_____

谁应该为此负责？

_____

_____

_____

这种污染对海洋生物造成了怎样的影响？

_____

_____

_____

你的团队能做些什么来防治这种污染呢？

_____

_____

_____

原因2（指引同上，此处从略。）

4. 其他海洋生物专家任务

只需点击以下图标就能得到你的高度机密的任务单（参见图 5-8）。认真阅读任务指引并搜索所需信息。请记住，"蓝珊瑚"区域其他海洋生物的命运掌握在你手中。时间不多了……

图 5-8　其他海洋生物专家机密任务单

亲爱的海洋生物专家：

你现在被赋予的任务是要搜集蓝珊瑚区域中的海洋生物信息。

选择任意两种海洋生物，并根据以下指引搜集相关信息。

当你完成了信息搜集，就可以与你的团队成员一起完成报告了。

海洋生物1

名称：

这种海洋生物在什么样的环境下才能生存？

_____

_____

这种海洋生物以什么为食？

_____

_____

什么原因导致了这种海洋生物的死亡?

_____

_____

_____

你的团队能做些什么来拯救这种海洋生物呢?

_____

_____

_____

海洋生物2(指引同上,此处从略。)

(四)完成报告

在你和你的团队成员将必要的信息汇集起来之后,请完成报告,这样你就在拯救蓝珊瑚任务中起到了重要的作用。请点击以下图标查看报告的提纲(参见图5-9)。

图5-9 蓝珊瑚任务报告提纲

亲爱的"蓝珊瑚任务"小组成员:

你们已经完成了信息搜集,请根据以下指引完成报告。

要记住海洋生物的未来掌握在你们手中。请仔细完成以下报告(参见表5-3)。

表5-3 蓝珊瑚任务报告

关于现状的事实	我们能做什么以改善现状
污染管制员	
海洋生物专家	
哺乳动物专家	
珊瑚专家	

结论：为了拯救蓝珊瑚，需要做些什么？

小组成员姓名：　　　　　签名：

（污染管制员）

_____　　　_____

（珊瑚专家）

_____　　　_____

（哺乳动物专家）

_____　　　_____

（海洋生物专家）

_____　　　_____

报告日期：

_____

第六章　微型课程的设计

　　课程开发是课程创新的内在机制，是一个持续不断的、螺旋上升的活动。虽然人们对课程开发过程有不同看法，但基本认同"课程开发是一个更具综合性的术语，包括了规划、实施和评价"[①]。这三个基本阶段，反映了课程研制的时间连续性特征，是各个层面课程开发都要经历的共同环节，可称为"基本范式"。由于课程开发情况复杂多样，研制过程的基本阶段不可能是一成不变的，会因时、因地、因人、因课不同而衍生出无数"变化范式"。这就需要根据实际情况深入开展具体研究，不断探索，进而创造更多有效的课程开发过程"变式"。本书从这一章开始，分章剖析微型课程开发的设计、实施与评价。

第一节　课程设计模式

　　微型课程设计是人们根据一定的价值取向做出课程决定，制定课程方案及开发课程资源等的活动过程。它主要涉及课程目标的确定、课程内容的选择与组织、课程媒介的设计等。在此阶段，课程规划（planning）、课程设计（design）和课程决策（decision-making）三个术语常被交替使用。曾有学者指出了三者的区别和联系：课程规划是一个综合的课程决策过程；而课程设计则是产品和独立存在的实体，是课程决策过程的产物。[②]　然而，

[①]　Peter Oliva, *Developing the Curriculum*, 7th ed, Boston, Allyn & Bacon, 2009, p. 22.

[②]　Arieh Lewy, *The International Encyclopedia of Curriculum*, Oxford, Pergamon Press, 1991, p. 294.

目前人们就"课程设计"一词，不仅在名词意义上使用，也在动词意义上使用，因此可以将"课程规划"与"课程设计"视为同义词。基于不同的立场，可以划分出不同的课程设计模式。

一、自上而下、自下而上和综合模式

从课程权力运行方向出发，微型课程设计包括自上而下（top-down）模式、自下而上（bottom-up）模式和综合（combination）模式。

（一）自上而下模式

自上而下模式是指由政府和学校领导等提出微型课程愿景，拟定相应的纲要性课程框架或者学校课程"顶层设计"。这些措施用于推动教师的微型课程开发。这种模式具有全局性、系统性等特点，经常得到运用，但新的课程愿景和框架也经常受到教师抵抗，而不能以预想方式在学校或班级中得到真正实施。

（二）自下而上模式

自下而上模式强调教师可以自主地开发微型课程，微型课程设计以教师为主，扎根于教师对学生学习需要的深入认识，重视教师作为课程设计中心执行者的地位。采用这种模式开发出的微型课程可能会较为零散，但不会束缚教师的专业认知和创造性。不过，当所有的课程设计任务都"抛"给教师，就会让教师面临巨大的挑战，如果教师还没有做好心理和能力准备，就可能导致微型课程开发举步不前的困境。

（三）综合模式

现在，人们越来越认可，自上而下的指导和自下而上的发动都是需要的。成功的综合模式，需要在辨明两者差异和侧重点的基础上，看到每一种模式强调的其他模式所忽视的要素或层面，进而将两种模式加以综合运用和有效平衡。在具体实践时，一方面需要承认教师作为课程设计者的重要角色，另一方面需要发挥顶层设计的指导、支持和促进作用。

微型课程开发要在学校中得到广泛而有效的落实和推广，需要采用"观念更新"和"制度建构"等有效策略予以推进。首先，在观念层面，要更新教师、学校领导以及教师教育者的观念，使之树立明确的微型课程开发意识。教师要意识到自己应当善于捕捉微型课程的开发时机，并展开相应的开发行动。学校领导要启动微型课程开发的校本培训，在学校里逐渐形成微型课程开发的共同愿景，不断创生微型课程开发的文化氛围。教师教育者也要在师范院校的职前教师教育和以校为本的在职教师教育中，有针对性地凸显微型课程开发的价值并提供具体的开发思路、方法和资源等。其次，在制度层面，为了使微型课程开发具备持久的动力和活力，学校应当建立"微型课程开发发表会"和"微型课程共享共建资源库"等供教师交流与分享的长效制度平台。这样，教师自下而上开发的多种微型课程，就可以得以统整，形成序列化的课程体系。

二、选择、改编和创新模式

从微型课程开发性质入手，微型课程设计包括课程选择模式、课程改编模式和课程创新模式。这三者的校本化程度由低到高，操作程序由简单到复杂，每种模式特点不同，既具有相对的独立性，又存在一定的交叉性与互补性。

（一）课程选择模式

课程选择主要指结合本校或本班的实际情况，从国内外众多优质的微型课程项目中挑选出自己有条件和能力开设的课程加以引进。课程选择需要落实以下四项工作：第一，拓展课程视野。通过实地考察和文献检索等多种方式，尽量将视野打开，以便有丰富的课程引进来源。第二，分析课程项目。精心分析筛选，确保选择引进的是真正的优质课程。第三，配套材料、课程实施与评价等的适当校本化处理。第四，在实践反思中不断丰富完善。

（二）课程改编模式

课程改编是对引进的微型课程进行深度的校本化改编，使其目标、内容、方法、资源、评价及表现形态更适用于本校或本班师生。这些工作需要在深度理解原课程及本校或本班师生已有水平和学习需要等基础上进行。

（三）课程创新模式

课程创新指创造性地开发新的微型课程，这种模式也并不是很困难。比如，随着年级的增长，英语学习的任务不断增多，难度日益加大，班里学生开始不喜欢学英语。就此，英语教师没有满腔遗憾地抱怨学生少不更事，不是喋喋不休地讲一大通学习英语的好处，而是适时设计并实施了"趣味英语"的微型课程。在这一课程中，教师领着学生一起感受英语的迷人之处。其中的一个活动是，教师问学生："在批改作业时，老师常用到'√'和'×'两个符号，大家知道它们的来历吗？"见学生面面相觑，教师予以提示："其实，'√'和'×'都源自英文单词。'√'与单词'right'（正确的）有关，'×'与单词'fault'（错误的）有关。单词怎么又变成符号了呢？"这样的问题帮助学生在思考和讨论中发现线索：最初教师在给学生批改作业时，用"right"和"fault"两个词判断答案的对与错。但这种批改方法费事、麻烦。后来有人渐渐地开始以它们的首写字母"r"和"f"分别替代"对"与"错"。随着时间的推移，写的人数和次数不断增多，最后就产生了现在我们常见"√"和"×"，既显得简洁，又方便书写。而另一位教师在教学"cat"和"dog"后，提到"rain cats and dogs"不是指"天上下猫下狗"，而是指"倾盆大雨"，班里学生对此很感兴趣，她便顺势延伸，利用课外时间带领学生走进"英语习语中的动物"这一课程。她引导学生了解"dark horse"等习语的意思并鼓励学生加以运用，提高了学生学习英语的兴趣，增强了学生搜集英语习语的意识。

课程创新可以从以下几个方面加以推动：研究和了解国家课程政策与制度，了解国内外课程开发的趋势和特点，从而准确把握微型课程开发的方向；研习微型课程的历史基础、科学基础、心理学基础与文化及社会基础，让微型课程开发更有底蕴；基于学校的办学传统、特色和现有的条件资源，使微型课程创新更具基础性、继承性与发展性；教师不断优化教育理想、信念与价值追求，持续提升课程意识和课程开发能力；量力而行，重在实效，因校、因班、因人制宜，避免盲目追求创新而不考虑自身能力与条件，从而造成教师负担过重、教学低效的恶果。

第二节　课程目标设计

微型课程设计涉及的要素众多，其中课程目标、课程内容及课程媒介的设计应该引起关注。就目标设计而言，需要重视学生需求、找准目标定位和直击学习困难。

一、重视学生需求

研究多所学校的校本课程规划方案发现[①]，课程目标对学生需求的回应很欠缺，表现为两个层次：第一层次是没有对学生需求有明确的认识，第二层次是尽管分析并得出了学生对校本课程的需求，却没有在目标中针对学生的课程需求做出回应。具体而言，有的方案提到了"满足（或考虑）学生兴趣（或需要）"，却没有进一步关于"学生兴趣（或需要）是什么"的表述。有的方案呈现了学生需求的内容。例如，我校学生的发展需求具有一定的共性，即健康生活的需求、快乐学习的指导，但在随后的目标和课程设置中并没有回应"如何让学生体验健康生活，如何指导学生快乐学习"，即未有具体措施回应需求。微型课程开发以学生学习为本，本校或本班学生的需求和特点是微型课程建设的重要起点。教师可通过问卷调查、访谈等多种形式，向学生本人和其他教师、家长等了解学生的课程需求和特点，作为拟制课程目标的重要依据之一。

二、找准目标定位

适切的课程目标，是激发与维持学生学习动机及吸引与强化学生学习投入的重要中介。根据明晰、准确的课程目标，才能设计出适切的课程内容、实施与评价策略。找准目标定位，要求微型课程目标的指向具有"明确性"。每个微型课程往往指向某些特定的目标，这有利于学习者保持学习的自信心，让学习者专注于完成这些目标，进而体验学习成功带来的满意感。这要求设计者至少把握以下两个方面：第一，如果是设计单次微型课程，要能够把握本次微型课程目标所在的"维度"与"层次"。第二，如果是设计一系列的微型课程，要整体设计与把握多次课程目标构成的体系（也包括"维度"与"层次"两个方面），并将系统的整体课程目标分解为一组相对独立又相互关联的微目标，进而设计出单次微型课程的目标。这样，多个微型课程目标之间就具有一定的内在联系和逻辑关系，既能让学习者针对单一目标进行小步子学习以建立学习的

① 崔允漷、周文叶、岑俐等：《校本课程规划：短板何在》，载《教育研究》，2016（10）。

自信，又能支持学习者有机会了解整个目标体系以提升学习结果的完整性和统合性。

掌握一些课程目标分类理论，有助于设计者更好地定位微型课程目标所在的"维度"与"层次"。布卢姆（Bloom）的目标分类理论、加涅（Gagné）的学习结果分类理论、比格斯（Biggs）和科利斯（Collis）的SOLO分类理论、豪恩斯坦（Hauenstein）的目标整合分类理论、安德森（Anderson）的认知目标新分类理论都值得关注。比如，在设计微型课程的知识目标时，需要结合实际情况，分析如何借助安德森二维目标分类体系表来研制相应目标，即在体系表中的哪一个或几个方格中定位出目标（参见表6-1）。表6-1的行和列，分别是认知过程维度和知识维度，两种维度的交汇处构成了分类表的一个个方格，任何一个强调认知的课程目标都可能被归于该表的一个或多个方格之中。① 在布卢姆教育目标分类学出版40多年之后，安德森的修订版面世，而且，这个修订版是由非常著名的教育心理学家、课程与教学专家、测量与评价专家组成的专家组与有经验的中小学教师合作历经多年完成的，这在教育史上是罕见的。修订版突破了布卢姆理论的一维分类逻辑，将认知领域的目标按知识与认知过程两个维度分类，六种认知过程水平分别与四种知识类型相互作用，6×4共构成24个目标单元，每一个目标单元所指的就是某一类知识的某种掌握水平。安德森的修订版分类理论正在产生着越来越大的影响。

表 6-1　安德森的认知目标二维分类表②

知识维度	认知过程维度					
	1. 记忆/回忆（remember）	2. 理解（understand）	3. 应用（apply）	4. 分析（analyze）	5. 评价（evaluate）	6. 创造（create）
1. 事实性（factual）知识						

① ［美］安德森等：《布卢姆教育目标分类学：分类学视野下的学与教及其测评》，蒋小平等译，21页，北京，外语教学与研究出版社，2009。

② ［美］安德森等：《布卢姆教育目标分类学：分类学视野下的学与教及其测评》，蒋小平等译，21页，北京，外语教学与研究出版社，2009。

续表

知识维度	认知过程维度					
	1. 记忆/回忆 (remember)	2. 理解 (understand)	3. 应用 (apply)	4. 分析 (analyze)	5. 评价 (evaluate)	6. 创造 (create)
2. 概念性 (conceptual) 知识						
3. 程序性 (procedural) 知识						
4. 元认知 (metacog- nitive) 知识						

　　安德森等人基于当代认知科学的观点和认知心理学关于知识表征的观点，在"知识维度"将知识的类别分为事实性知识、概念性知识、程序性知识和元认知知识四大类。事实性知识是相互分离的、孤立的内容要素——"信息片段"形式的知识，包括术语知识以及具体细节和要素的知识。概念性知识是更为复杂的、结构化的知识形式，包括分类和类别的知识、原理和通则的知识以及理论、模型和结构的知识。程序性知识是关于"如何做某事"的知识，包括技能和算法的知识以及技术和方法的知识，还包括用来决定和判断在特定领域或学科中"何时使用适当程序"的准则知识。元认知知识是关于一般认知的知识以及关于自我认知的意识和知识，包括策略性知识、关于认知任务的知识（包括情境性知识和条件性知识）以及关于自我的知识。这四类知识及其亚类参见表 6-2。

表 6-2　知识的四大类别及其亚类①

主类别及其亚类	例子
1. 事实性知识——学生通晓一门学科或解决其中的问题所必须了解的基本要素	
1.1 术语知识	技术词汇、音乐符号

---

　　① ［美］安德森等：《布卢姆教育目标分类学：分类学视野下的学与教及其测评》，蒋小平等译，22 页，北京，外语教学与研究出版社，2009。

续表

主类别及其亚类	例子
1.2 具体细节和要素的知识	重要的自然资源、可靠的信息源
2. 概念性知识——在一个更大体系内共同产生作用的基本要素之间的关系	
2.1 分类和类别的知识	地质时期、企业产权形式
2.2 原理和通则的知识	勾股定理、供求定律
2.3 理论、模型和结构的知识	进化论、美国国会的组织构架
3. 程序性知识——做某事的方法，探究的方法，以及使用技能、算法、技术和方法的准则	
3.1 具体学科的技能和算法的知识	水彩绘画的技能、整数除法的算法
3.2 具体学科的技术和方法的知识	访谈技巧、科学方法
3.3 确定何时使用适当程序的准则知识	确定何时运用牛顿第二定律的准则；判断使用某一方法估计企业成本是否可行的准则
4. 元认知知识——关于一般认知的知识以及自我认知的意识和知识	
4.1 策略性知识	知道概述是获得教材中一课的结构的方法；使用启发法的知识
4.2 关于认知任务的知识，包括适当的情境性知识和条件性知识	知道某一教师实施的测验类型；知道不同任务有不同的认知要求
4.3 关于自我的知识	知道对文章进行评论是自己的长处而写作是自己的短处；知道自己的知识水平

安德森等人按照复杂性递增的顺序，将"认知过程维度"划分为记忆/回忆、理解、应用、分析、评价和创造六个类目，每个类目又涉及具体的认知过程，共有 19 种。记忆/回忆是指从长时记忆中提取相关的知识，具体包括识别和回忆两个认知过程。理解是指从包括口头、书面和图像等交流形式的教学信息中建构意义，包括解释、举例、分类、总结、推断、比较和说明七个具体的认知过程。应用是指在给定的情景中执行或使用某一程序，包括执行和实施两个认知过程。分析是指将材料分解成具体组成部分，并确定部分之间的相互关系，以及各部分与总体结构或总目的之间的关系，包括区别、组织、归因三个认知过程。评价是指

基于准则或标准做出判断，包括检查和评论两个认知过程。创造是指将要素组成新颖的、内在一致的整体，或者生成原创性的产品，包括产生、计划、生成三个认知过程。参见表6-3。

表6-3　认知过程的六大类别及其亚类①

主类别及其亚类	例子
1. 记忆/回忆——从长时记忆中提取相关的知识	
1.1 识别	识别美国历史中重要事件的日期
1.2 回忆	回忆美国历史中重要事件的日期
2. 理解——从口头、书面和图像等交流形式的教学信息中建构意义	
2.1 解释	阐释重要讲演和文献的意义
2.2 举例	列举各种绘画艺术风格的例子
2.3 分类	将观察到的或描述过的精神疾病案例分类
2.4 总结	写出录像带所放映的事件的简介
2.5 推断	学习外语时从例子中推断语法规则
2.6 比较	将历史事件与当代的情形进行比较
2.7 说明	说明法国18世纪重要事件发生的原因
3. 应用——在给定的情景中执行或使用某程序	
3.1 执行	两个多位数的整数相除
3.2 实施	在牛顿第二定律适用的问题情境中运用该定律
4. 分析——将材料分解为具体组成部分，确定部分之间的相互关系，以及各部分与总体结构或总目的之间的关系	
4.1 区分	区分一道数学应用题中的相关数字与无关数字
4.2 组织	将历史描述组织起来，形成赞同或否定某一历史解释的证据
4.3 归因	依据其政治观点来确定文章作者的立场

① ［美］安德森等：《布卢姆教育目标分类学：分类学视野下的学与教及其测评》，蒋小平等译，23～24页，北京，外语教学与研究出版社，2009。

续表

主类别及其亚类	例子
5. 评价——基于准则和标准做出判断	
5.1 检查	确定科学家的结论是否与观察数据相吻合
5.2 评论	判断解决某个问题的两种方法哪一种更好
6. 创造——将要素组成内在一致的整体或功能性整体；将要素重新组织成新的模型或体系	
6.1 产生	提出解释观察现象的假设
6.2 计划	计划关于特定历史主题的研究报告
6.3 生成	有目的地建立某些物种的栖息地

根据安德森的目标分类理论，设计微型课程目标时，可以从确定目标的动词和名词开始。首先，将动词放在认知过程的六个类别中进行审视，一开始就对准 19 种具体的认知过程而不是对准六个认知类别，这通常有助于人们将动词归入适当的类别。其次，将名词放在知识的四个类别中进行审视，一开始就对准知识类别的亚类。比如，对应于"应用"这一认知过程和"程序性知识"类别，可以设计出"学生学会应用'节约—重复使用—循环使用'的方法保护自然资源"这一课程目标。在实践运用中，可以将最初陈述的课程目标、课堂活动体现的目标以及评价针对的目标进行分类，检查这三种分类结果是否彼此一致。①

借助表 6-1、表 6-2 和表 6-3，教师就能较好地定位出微型课程目标所在的"坐标"。需要补充的是，设计目标时需要处理好行为目标、生成性目标以及表现性目标之间的关系。行为目标是预设的，以具体的、可操作的行为指明课程结束后学生所发生的变化，具有较强的可操作性、精确性和具体性。但这类目标也具有不足。比如，学生的价值观、情感、态度、欣赏力、审美情趣等变化很难用外显的、可观察的行为来预先具体化，而且学习过程是复杂多变、动态发展的，学习结果不可能都能预料到。生成性目标是在课程实施过程中随机提出的，具有现实性、随机

---

① ［美］安德森等：《布卢姆教育目标分类学：分类学视野下的学与教及其测评》，蒋小平等译，24 页，北京，外语教学与研究出版社，2009。

性的特点，能够提高实施活动的针对性和实效性，但对教师的要求较高，需要教师在课程实施中敏锐捕捉契机，使之成为有价值的新目标。表现性目标关注学生在完成某一学习任务时的首创性表现，对于培养学生的创造性具有重要意义。但其落实也面临很多问题。比如，学生的首创性表现如何鉴别，标准是什么，教师如何关注每个学生的反应，如何捕捉学生的首创性表现，等等。三类目标各有其优势和不足，在课程目标设计中，应处理好预设与生成的关系，力求促成三类目标的整合。生成性目标可在行为目标实现的过程中产生，生成性目标与行为目标可以相互影响；表现性目标的提出与实现则是以行为目标的达成为基础的，像"发表对文学作品的看法"这样的表现性目标，应该以理解和掌握必要的文学知识为基础。简言之，重要的是课程目标的实在、具体、明晰，利教、利学、利评，在此基础上适当关注生成性目标和表现性目标。

三、直击学习困难

微型课程之"微"在目标层面的表现之一，就是能够直击学生的学习困难并加以解决。比如，有的教师在开发微型写作课程时提出，解决学生在写作中遇到的关键性困难是课程的基本目标，多数学生在写作中普遍遇到的困难是微型写作课程的主导目标，少数学生所遇到的主要困难则构成写作课程的分支目标。进而，微型写作课程的主题总是来源于学生写作中的实际困难和常见不足。直击学生的学习困难，要求先能精准研判出相应的困难。这看似容易实有难度。①

在一次话题写作练习中，学生出现了不少问题，尤以偏离话题的现象为多。（生活中有许多未完成的状态。例如，大楼尚未竣工，比赛未到终点，学业尚未完成，事业尚未成就……有人说，这种未完成状态令人倍感压力；有人说，正因为未完成才有多种可能，才充满魅力……请以"未完成状态"为话题写一篇文章。）

在作文批阅中，教师发现约有35％的学生都涉及"残缺美"。这可笼统称为"审题不当"或"偏题"，但归因仅停留于此，对改变学生的思维

---

① 邓彤、王荣生：《微型化：写作课程范式的转型》，载《课程·教材·教法》，2013（9）。

方式作用不大。因为"偏题"就有多种情况、多种原因，还需要再确定出"偏题"的具体原因。通过进一步的分析，发现了学生的思维偏差：既然"未完成"，就是"残缺"的，既然是"残缺"，则自然联想到"维纳斯"，因此，未完成状态其实是一种"残缺美"。再追问下去，为什么学生的思维会从"未完成"径直跳跃到"残缺"呢？教师一时无法揭示深层次原因，便访谈了学生。

访谈发现，学生其实从一开始就偷换了概念，将"未完成"理解为"完不成"，思维流程是未完成→完不成→不完整→残缺→维纳斯→残缺美。访谈还发现，有相当数量的学生在写作中根本没有注意到"未完成"与"完不成"之间的根本区别，几乎是不假思索地就将两者画了等号。而在这些学生的其他作文中，也经常表露出类似问题：他们对于一些重要的概念或词语，几乎不去认真思考其中细微却是关键性的差异，经常混淆概念。

经过以上分析，教师诊断出学生屡屡发生偏题的主要原因是"混淆相似概念"。在此基础上，教师确定微型写作目标为：通过辨析相似概念的异同点来澄清概念含义，从而防止写作主旨的偏移。

当写作目标从笼而统之的"偏题"具体定位到"辨析相似概念"时，就凝练出了微型课程的目标。精准定位学生的学习困难，是微型课程目标设计的关键之一。在实践中，教师可以在日常观察、平时交谈、作业批改、专门研究、文献阅读、同事讨论中了解学生的学习困难。

第三节　课程内容设计

微型课程的内容设计需要体现科学性、新颖性、趣味性、交互性及与学习者的关联性，其关键是课程内容的选择与组织以及将外在的内容转化为学生的活动。

一、课程内容的选组

课程内容的选组包括"选择"和"组织"。根据微型课程目标，先从大量的文化精华中"选择"出适合学习者学习的内容，再按一定的逻辑

"组织"课程内容使之形成合理结构。"组织要素可以比作一座高楼大厦中的钢筋结构,尽管看不见,但对大厦的强固是极为必要的。"有学者曾用诗歌表达课程结构的重要性:在这智慧的年代/亦有无知的时候/大量闪烁发光的事实/自天倾盆而降/未经质疑/互不联系/睿智每日萌生/足以消除人间祸患/但至今未有编织机/将其梳理成章……①

由多次课构成的一系列微型课程,也需要合理组织课程结构。按照结构功能主义的观点,优化的结构能够增强功能。组织课程结构,遵循一定的"逻辑"非常重要。比如,"探索 PM2.5"MST 整合课程,借鉴国际文凭组织提出的跨学科主题探究课程的八大概念②,设计出八大探究模块③(参见表 6-4)。

表 6-4 "探索 PM2.5"MST 整合课程八大模块

概念	问题	模块名称	要点
形式	它是什么样子	认识 PM2.5:掀开 PM2.5 的神秘面纱	"魔法天空实验站"(神奇的蓝天、变脸的天空、蓝天杀手"微粒"、寻找隐形的颗粒物、揭秘 PM2.5 的含义、测量细小微粒的直径);"我是 PM2.5 观测员"(参观 PM2.5 监测点、测定学校附近地区的 PM2.5)
变化	它是怎么变化的	探究 PM2.5 的变化:探索 PM2.5 的变化之谜	地点不同的变化;时间不同的变化;高度不同的变化
原因	它为什么是这样子	探究 PM2.5 的成因:追溯 PM2.5 的根源	我从大自然中来;我从汽车尾气中来;我从燃烧取暖中来;我从工业排放中来
功能	它是如何运作的	探究 PM2.5 的危害:揭秘阴霾杀手的真面目	健康杀手 PM2.5;环境杀手 PM2.5;经济杀手 PM2.5;交通杀手 PM2.5

① John McNeil, *Contemporary Curriculum*: *In Thought and Action*, 7th ed, Hoboken, NJ: John Wiley & Sons, Inc, 2009, p. 169.

② International Baccalaureate Organization, *Making the PYP Happen*: *A Curriculum Framework for International Primary Education*, Geneva, International Baccalaureate organization, 2009, pp. 18-20.

③ 本案例设计者为黄迪和许楚欢,系华南师范大学小学教育方向教育硕士生。

续表

概念	问题	模块名称	要点
联系	它与其他事物如何联系起来	探究PM2.5与生活的联系：追踪PM2.5的蛛丝马迹	PM2.5与生活方式的联系；PM2.5与交通的联系；PM2.5与工业分布的联系
观点	有哪些观点	展望远离PM2.5的未来：寻找远离PM2.5的理想家园	理想的城市（"寻找远离PM2.5的桃花源"科技小论文，如绿化面积、空气标准、清洁能源，"同蓝天，共呼吸"理想城市绘图大赛）；抵御PM2.5科技小发明（DIY空气过滤器、DIY除尘器、DIY PM2.5口罩等）
责任	我们的责任是什么	面对PM2.5，我们的责任：开展对抗PM2.5的蓝天保卫战	蓝天白云行动（蓝天白云视频日记，最美蓝天摄影大赛，蓝天使者"PM2.5测量志愿活动"）；蓝天捍卫战（"蓝天地图"和"PM2.5"地图，"驱散阴霾，共享蓝天"网站，PM2.5防治知识宣传，PM2.5植物绿色行动）
反思	我们是如何知道的	如何认识PM2.5：展现PM2.5的解密之旅	PM2.5解密之旅（小组自拍PM2.5探究历程制作成海报）；PM2.5，我们在路上（小组建立PM2.5主题探究学习的Blog）

二、课程内容的转化

如果只将课程内容排列组合成"完美"的结构，学生却对这些内容熟视无睹，甚至厌恶和抵制它们，那么这样的课程内容选组无疑是没有意义的或者说是失败的。因而，必须实现课程内容的"转化"，主要包括以下两条相互关联的基本途径。其一，媒体设计与开发。把课程内容"融化"到能引起学习者学习兴趣和学习定向的极富表现力的各种图片、音频、视频媒体之中。其二，活动设计与开发。包括学生学习方式、教师教授方式和师生互动方式的设计与开发，以及使三者相互作用而"融合"为一体的活动过程的设计与开发。活动是人的生命存在的基本形式，学习者在活动中会与承载着课程内容的外部条件产生积极的相互作用。即使媒体的设计与开发，也要考虑如何统一到活动的设计与开发之中。

活动设计与开发，既要综合考虑课程内容的主题、性质和范围，还要考虑课程目标的层次、要求和条件，任课教师的长处、弱点、经验、能力和兴趣，学生的需要、经验和基础水平，学校、课室和教学场所的设施、布置和特点以及相应课程所依据的理论基础等。

比如，"时间智慧"课程致力于在短期内对中学生的闲暇认知、闲暇情感和闲暇行为产生一定影响，以逐渐达到减少物质滥用和增加健康闲暇活动的长期效果，进而实现促进青少年积极发展及减少或避免物质上瘾的最终目标。该课程将"生态系统理论"作为理论基础，同时吸纳了"自我决定理论"在激发个体发展动力、"择—优—补理论"在厘清个体发展过程以及"畅体验"理论在强化个体发展成效等方面的基本原理，将课程内容转化为一系列活动。① 其一，生态系统理论认为，人的发展是其与周围复杂系统相互作用的结果，行为不良意味着个体与生态系统关系的失调。这就提醒课程开发者关注青少年所处的生态系统，不仅分析其不良行为的内在原因（如无聊和个性等），还要分析外在原因（如同伴影响等），进而才能选择有效的解决措施。其二，自我决定理论代表着当代主流心理学在人性观上的全面突破，即从"人是机器或动物"到"自我决定的人"的转变，人是可以做到"自我决定"和高度"自主"的，不要一味追溯和纠缠于人的过去，而要承认人具有先天的心理成长和发展的潜能，要更为看重人的潜力和未来。其三，择—优—补理论，即伴随补偿的选择性最优化理论，认为个体与环境的动态平衡，可以通过选择、优化、补偿的相互作用来实现。选择是指选择合适的、可及的目标；优化是指为实现目标而采取的策略；补偿是指在遇到障碍时，坚持或调整目标，最终使积极结果最大化、消极结果最小化。三者分别象征着选择目标、追求目标、坚持或改变目标的过程。成功的个体发展过程，就

---

① 曾文婕、陈鲜鲜：《追求有意义的闲暇生活——美国青少年问题行为预防课程"时间智慧"述论》，载《课程·教材·教法》，2016（3）。

是三者的协调。其四，"畅体验"理论认为，个体完全"沉浸"到某个活动中会产生积极体验，个体由全神贯注达到"忘我"的状态会不同程度地感受到时间快、效率高。这种体验只能在当前从事的活动中产生，回忆或想象不能获得。学生如果在健康的闲暇活动中感受到给自己带来极强愉悦感和成就感的"畅体验"，就会继续参加这类活动。

基于以上理论，"时间智慧"课程开发者设计了由"核心课程"（core lessons）和"强化课程"（booster lessons）构成的内容体系。其中，核心课程旨在使学生掌握健康、有效地使用闲暇时间的基本技能、策略和概念，主要培养学生无聊情境调节能力、闲暇计划能力、闲暇资源获取能力和闲暇障碍克服能力，涉及闲暇收益、动机类型、闲暇计划、多样与平衡等概念，包括六大模块共 14 项活动，每项活动约 45 分钟。课程要点参见表 6-5。强化课程由进一步提升闲暇能力的五大模块共 6 项活动构成，可以在核心课程之后实施，也可以在半年或一年后实施。如果是后者，在实施强化课程之前，需要先复习核心课程的内容。每项活动约 45 分钟。课程要点参见表 6-6。

表 6-5　"时间智慧"活动化的核心课程内容

六大模块	14 项活动	要点
探索闲暇活动	管理闲暇时间	学生在"探索我的闲暇时间"活动单的帮助下，反思自己的闲暇生活方式，理解参与闲暇活动的收益，在此基础上分析自己的闲暇收益并建立个人闲暇档案，引起对闲暇时间的重视
	闲暇的收益	
认识我的动机	动机的类型	学生理解无动机、外部动机、接受动机、认同动机、整合动机和内部动机及其对个体闲暇行为、闲暇体验和闲暇收益的影响，进而据此分析自己的闲暇动机
	动机、感受和收益	
以兴趣胜无聊	克服无聊	学生通过发展兴趣克服无聊，先列出自己的兴趣表，再通过选择、优化、补偿，确定自己真正想要培养的兴趣，同时学习调节无聊情境的技巧
	培养兴趣	

六大模块	14 项活动	要点
制订行动计划	克服障碍	学生根据前一个模块确定的兴趣，制订闲暇活动计划，在此过程中培养寻找闲暇资源的能力和克服闲暇障碍的能力
	获取资源	
管理日常闲暇	多样与平衡	学生通过对多样、平衡和准备三个概念的学习，认识到闲暇活动应该多样，而且应该动静平衡，并通过设计备选活动应对突发事件，进而完善自己的闲暇计划，从中获得最大化的积极收益
	寻找平衡	
贯通式的复习	时间智慧分析游戏	学生运用前五个模块中学习的概念和技巧，分析相应的情境故事
	沙滩排球游戏	学生把先前所学的概念和技巧贴在小球上并进行传递，接到球的学生回答小球上的问题
	时间智慧贴画	学生使用图画、诗歌或故事等形式表现他们当前或未来的闲暇活动，运用先前所学的概念和技巧分析这些活动
	闲暇价值拍卖会	学生通过拍卖会，进一步明确自己所重视的闲暇价值

表 6-6　"时间智慧"活动化的强化课程内容

模块活动	要点
时间智慧"小先生"	学生把自己在核心课程中学到的知识教给别人，既复习核心课程，又成为"时间智慧"的传播者
做决定与冒风险	学生学会分析、评估及解决参与闲暇活动时可能遇到的风险，在此基础上决定自己是否参与该活动
获得"畅体验"；管理压力与体会专注（此模块包括两项活动）	学生在"闲暇活动金字塔"和"畅体验"模型图的帮助下，理解"畅体验"的概念、表现及产生条件，学会克服参与闲暇活动时遇到的情绪障碍，如焦虑、压力、注意力不集中，最终获得"畅体验"

续表

模块活动	要点
友谊与闲暇	学生认识不同类型的朋友可能产生的影响以及自己心目中好朋友的标准，学会正确选择闲暇伙伴，提升社会交往能力
闲暇与改变	学生借助"我的改变"流程图，学习应对闲暇生活中各种变化的步骤，以及做出改变的步骤，提升闲暇决定能力，并在行动中落实自己的改变计划

其中，核心课程复习模块中"闲暇价值拍卖会"的活动流程是，教师在黑板上事先列出一系列休闲价值，如寻求刺激、学习新事物、放松、帮助他人、陪伴父母、强健身体、提高创造性、享受自由等，所列数量必须是学生总数的3～4倍。拍卖之前，教师给每位学生分发数额相同的竞拍经费，讲解游戏规则，特别注意提示学生，每一个人的竞拍经费是有限的，一定要将有限的经费用于竞拍自己最想获得的价值。拍卖开始后，如果谁拍到某种价值，教师就将其姓名写在该价值的旁边。整个拍卖的过程，不仅使学生获得了愉快体验，还能够促使学生在特殊的情境下明确和反思自己的闲暇价值追求。拍卖结束时，教师要组织学生总结并交流心得体会，运用个体的即时体验与同伴间的相互影响，再次帮助学生"校准"自己的闲暇价值取向，使学生深刻体会积极的闲暇价值对于生命的重要性。

第四节　课程媒介设计

确定微型课程的目标和内容之后，就是开发一系列课程资源（curriculum resources）来予以支持。这是在现代资源及其开发观指引下，逐步形成的课程研究的新兴主题。没有课程资源的有力支持，再美好的课程愿景与目标等也很难产生实际的教育成效。而且，课程实施的范围和水平，也在一定程度上取决于课程资源开发的丰富度和适切度。课程资源开发需要坚持科学性、适切性和生动性等原则，而且要注意全方位开发和多元化开发。全方位开发课程资源，即树立"全方位"的开发对象观，避免开发对象的"狭窄化"，让校内和校外课程资源，文字性和非文字性课程资源等大量鲜活的资源都进入开发视野。多元化开发课程资源，即树立"多元化"的开发主体观，避免开发主体的"单一化"。比如，教师自己可以积极开发广播电视节目、报纸杂志和网络平台中的课程资源，而且还可以鼓励学生参与课程资源开发，倡导学生交流资源。课程资源开发是一项颇具挑战性的任务，当下值得重视的是设计"课程媒介"。媒介是指使事物之间发生关系或作用的介质或工具。媒介是人的延伸，人借由媒介可以完成许多自己无法直接完成的任务。反过来，媒介制约着人的思维方式和行为模式。课程媒介的设计，尤其需要注意促进学生的深度学习和推动学生的自主决定。

一、促进深度学习的媒介设计

深度学习强调将一些适宜的人造物（artifacts）（如流程图、模型等）作为符号媒介，将内隐的规则和程序以直观形式加以呈现，促进学生将其内化为心智运演与认知图式，进而形塑学生的思考、感知和行为方式。比如，在"时间智慧"强化课程的第三模块中，教师运用"闲暇活动金字塔"（参见图 6-1）介绍已有的科学研究成果，即越是接近"金字塔"底部的闲暇活动越是有利于身心健康，反之亦然，进而帮助学生明白应

图 6-1　闲暇活动金字塔

当多参加"金字塔"底部两层次的活动，就如同大家熟悉的"食物金字塔"一样，越是底部的食物越需要多吃。[①]

开发促进深度学习的课程媒介，需要重视发挥媒介的"显性"和"隐性"两重符号的中介作用。一是将可视化、易理解的、能清晰表达行动规则和操作程序的人造物引入活动，进行显性干预，使之能为学生所用，成为学生的学习媒介。二是要注意采用多种方式将这些可视化的人造物，内化为学生的心智和动作技能，使其潜移默化地影响学生的行为方式。例如，将相应图表贴到课室墙壁上，让学生时时处处耳濡目染，达到最佳效果。

二、推动自主决定的媒介设计

微型课程不应赤裸裸地灌输知识和技能，不应强迫学生听从教师和课程的指令，而应精心开发出多种多样的课程媒介来推动学生自主决定。前述"时间智慧"课程就是引导学生完成各种表格式或图解式的活动单等，帮助学生从内心深处产生明智享用闲暇时间并为自己闲暇生活负责的愿望，进而自主决定自己如何度过有意义的闲暇生活。例如，在第一次活动中，指导学生填写"探索我的闲暇时间"活动单（参见表6-7），让学生分析自己的闲暇活动类型及其收益。经由该活动单作为媒介，学生填写的过程，其实就是深入理解闲暇活动的各种收益并反思自己闲暇活动优劣的过程。再加上教师的适时点拨，学生就会自发形成想要参与健康闲暇活动的动机并自主决定相应的行为。[②]

一般来说，课程目标、课程内容及课程媒介设计之后，还需要进行课程实施与评价的规划，进而将其汇总形成微型课程设计方案（参见表6-8）。一份较为完整的微型课程设计方案包括前言、课程简介、课程背景、理论基础、课程目标、课程内容、课程媒介以及实施与评价建议，有些还有课程实施与评价等的案例介绍分析。

---

① 曾文婕、陈鲜鲜：《追求有意义的闲暇生活——美国青少年问题行为预防课程"时间智慧"述论》，载《课程·教材·教法》，2016（3）。

② 曾文婕、陈鲜鲜：《追求有意义的闲暇生活——美国青少年问题行为预防课程"时间智慧"述论》，载《课程·教材·教法》，2016（3）。

表 6-7 "探索我的闲暇时间"表格式活动单

指导语：请在第一列写你放学后的自由时间或周末参加的活动；在第二列写花在活动上的时间；在第三列用"＋或—"表示你是否喜欢该活动；如果喜欢该活动属于闲暇活动在第四列用"＊"标示；第五列先不要填写，待教师提示后再完成。

我经常参加的活动	我花在活动上的时间	喜欢＋ 不喜欢—	闲暇活动（标＊）	收益								
				身体	社交	心智	未来	心理	灵魂	自然	创造	共同体
	1 2 3 4 5 很少 一般 很多			○	○	○	○	○	○	○	○	○
	1 2 3 4 5 很少 一般 很多			○	○	○	○	○	○	○	○	○
	1 2 3 4 5 很少 一般 很多			○	○	○	○	○	○	○	○	○
	1 2 3 4 5 很少 一般 很多			○	○	○	○	○	○	○	○	○
	1 2 3 4 5 很少 一般 很多			○	○	○	○	○	○	○	○	○
	1 2 3 4 5 很少 一般 很多			○	○	○	○	○	○	○	○	○
	1 2 3 4 5 很少 一般 很多			○	○	○	○	○	○	○	○	○
	1 2 3 4 5 很少 一般 很多			○	○	○	○	○	○	○	○	○
	1 2 3 4 5 很少 一般 很多			○	○	○	○	○	○	○	○	○

身体：有利于身体健康

社交：有利于和朋友、家人相处并结识新朋友

心智：有利于挑战和发展自己的智力

未来：有利于达到学业和职业上的目标

心理：有利于提升信心、缓解压力

灵魂：有利于赋予生活更多意义

自然：有利于欣赏大自然、动物和环境的美

创造：有利于绘画、写作或其他创造

共同体：有利于帮助别人、动物，共同体或我们的环境

表 6-8　微型课程设计方案示意表

课程名称		开课教师	
适合对象		学习时间	
设计性质	（在相应方框中打"√"，属于课程选择或改编的，需要提供原始课程的相关材料） □课程选择　□课程改编　□课程创新		
课程简介	限 200 字内，供学生选课/学校审议用，含课程理念和设计思路等		
课程背景	为什么要开设本课程？可从学校的办学理念、教学目标、学生需求、已有资源以及教师个人教育哲学与家长建议等方面分析		
理论基础	本课程以哪些理论为基础？这些理论如何支撑或影响本课程的目标、内容、媒介、实施或评价设计？可以涉及历史、哲学、科学、心理学或文化及社会基础中的一种或几种理论		
课程目标	考虑学生需求、找准目标定位和直击学习困难等		
课程内容	勾勒课程内容的主题、范围及水平要求，重视课程内容的选择标准与组织逻辑以及将外在内容转化为学生活动		
	1		
	2		
	3		
	……		

续表

		注意开发促进学生深度学习和推动学生自主决定的图表或活动指引单等
课程媒介	1	
	2	
	3	
	……	
课程实施		设计具体的实施方式、常规或网络环境开发措施及让学生适当领导课程实施的策略
	1	
	2	
	3	
	……	
课程评价		设计具体的评价策略、搜集三角互证证据以说明课程成效的方法、推进学习为本评估的方式
	1	
	2	
	3	
	……	
案例呈现		
其他事项		

第七章　微型课程的实施

课程实施（curriculum implementation），实际上就是把规划好的课程方案付诸实践，变为师生教与学的过程和行动。课程实施把课程计划变为行动，把课程设想转化为现实，从而把课程领域转化到教学领域，教师角色便从课程工作者转变为教学组织者。

第一节　实施模式

课程实施的主体主要包括教师、校长和学生。教师是课程实施的决定因素，校长是课程实施的保障因素，学生是课程实施的重要参与者。对于自上而下的课程设计模式，课程方案的落实关键还在于教师是积极实施还是消极应付。可以说，课程实施成效依赖于教师的思维和行动。[1] 教师的决定作用主要表现在方案学习、相互支持、知识重构和情绪驱动上。如果缺乏足够强烈的动机、克服困难的意志以及相应的情感激励，教师很难在课程实施中走出舒适地带、拥抱不确定，进而发生真正的改变。鉴于此，近年来人们开始对课程实施中的教师情意因素表现出越来越多的兴趣。[2] 哈格里夫斯（Hargreaves）指出，即使我们对课程实施的情意因素视而不见，它们也会从后门（经常以破坏性的方式）重新进入改革。[3] 归纳起

---

①　马云鹏：《中国城乡小学数学课程实施的个案研究》，博士学位论文，香港中文大学，1999。

②　尹弘飚、李子建：《论课程改革中的教师改变》，载《教育研究》，2007（3）。

③　Andy Hargreaves, "The Emotional Politics of Teaching and Teacher Development：With Implications for Educational Leadership," *International Journal of Leadership in Education：Theory and Practice*, 1998（4），pp. 315-336.

来，微型课程的实施模式主要有"研究—开发—推广模式""忠实—调适—创生模式""关注为本模式""情境模式"和"系统模式"。

一、研究—开发—推广模式

研究—开发—推广模式，把课程实施视为理性化和技术化的过程，认为课程改革就是由专家针对具体的课程问题进行研究，并根据研究结果开发新课程方案，然后把方案投入学校推广使用。该模式包括研究、开发、推广和采用四个步骤。通过研究，确立课程与教学的基本原理，这是课程开发的基本价值取向和指导原则。据此，研究设计和开发出新的课程方案，并将开发出的新课程方案推广到学校，系统地传递给学校中的教师。进而，教师采用新课程并将其整合到学校课程之中。

这一模式的特点主要有四个方面：第一，课程方案由专家设计，力争使其臻于完美，有假定方案能适合不同情境的倾向。第二，认定课程实施所需的技能，教师是可以学会的。第三，认定课程目标会得到课程开发者、教师和学生的认同，这些目标会成为评价学生的主要基础。第四，评价课程实施的成功与否，主要以对课程方案的"忠实"程度为标准。

二、忠实—调适—创生模式

对课程实施的不同认识以及支配这些认识的相应课程价值观的不同，形成了课程实施的多种取向（orientation）。迄今为止，人们普遍认同斯奈德（Snyder）提出的"忠实取向""相互调适取向"和"创生取向"三种课程实施取向。[①] 第一，忠实（fidelity）取向，认为课程实施是按部就班地执行预定课程方案的过程。依据这一取向，预定课程方案的实现程度，就是衡量课程实施成功与否的基本标准。课程方案实现程度高，则课程实施成功；而课程方案实现程度低，则课程实施失败。坚持忠实取向的课程实施者，强调忠实执行，难以对课程方案做出变革。第二，

---

① Jon Snyder, Frances Bolin & Karen Zumwalt, "Curriculum Implementation," in *Handbook of Research on Curriculum*, ed. Philip Jackson, New York, Macmillan Publishing Company, 1992, pp. 404-418.

相互调适（mutual adaptation）取向，认为课程实施是预定课程方案与学校情境之间相互适应的过程。这种相互适应包括两个方面的内容：一是课程方案为适应具体学校或课堂的实际情境，在课程目标、内容、方法和组织形式等方面进行的调整；二是学校或课堂实际情境为适应课程方案而发生的改变。坚持相互调适取向的课程实施者，将课程实施理解为"协调中的变革"，强调课程实施不可能仅是一个事件，而应该是一个过程。在这个过程中，课程实施者要对课程方案做出修订，甚至改变以适合其自身的目的，课程设计者也要根据实际情况对课程方案进行再设计。第三，创生（enactment）取向，认为课程实施是师生在具体情境中，联合创造新的教育经验的过程。在创生过程中，预定的课程方案仅仅是师生进行或实现"创生"的材料或背景，仅仅是一种课程资源，借助这种资源，师生得以不断变化和发展，课程本身也得以不断生成。

以上三种取向构成了一个连续体，囊括了课程实施中一切可能与不可能的情况。事实上，任何课程政策、计划或方案的实施都可以用这个框架去分析，因此，在理论上它具有广泛的解释力。在实践过程中，有效的课程实施是从忠实取向发展为相互调适取向，进而发展为创生取向。这样，课程方案给了教师一种方向感，确立了一定的质量底线，同时又为教师预留了灵活实施的空间，教师可以"像专家一样"整体地思考课程方案、实施与评价的一致性，并在自己的专业权力和能力范围内做出正确的课程决策。

三、关注为本模式

教师随课程实施的推进，所关心的事项存在规律性变化。教师的关注顺序可分为无关关注、自我关注、任务关注和影响关注四个阶段。第一，无关关注阶段。教师没有意识到自己与课程变革之间的关系。比如，某校正在开发一个新的微型课程，该校某位教师会意识到这需要有人为之付出努力，但与自己无关。此时，教师不会抵制课程变革，因为他们没有意识到变革对自己的专业领域和个人生活所产生的影响。第二，自我关注阶段。教师将自己与课程变革联系起来，他们关心新的微型课程与现行课程的异同之处，意识到自己必须投入课程实施，从而面临着怎样教好这门课程的问题。在这个阶段，教师内心深处可能产生应付或抵制新课程的想法。第三，任务关注阶段。教师关注课程变革在课堂上或班级中的实际推行。教师关心的是怎样实施某种新的微型课程。比如，新课程的教学需要花多少时间？提供的材料足够了吗？教学新课程的最佳方法是什么？第四，影响关注阶段。教师关注的是新微型课程对学生、同事和学校的影响。教师会考虑新课程是否有助于学生的未来生活？这就引发教师产生了强烈的课程评价意识。

关注为本模式启示人们，要推进课程实施，就要解决好教师在第二、第三、第四阶段所关注与忧虑的事项。课程领导者不仅应该让全体教师了解课程变革的情况，让教师在变革一开始就参与决策，而且应该让教师聚在一起彼此交流所关注与忧虑的事情，相互支持与合作，分享课程实施的实践智慧，共同找出解决问题的方法，鼓起勇气积极投入新的微型课程实施，充满信心地努力推广相应的课程改革。

四、情境模式

持创生取向的帕里斯（Paris）进一步提出了课程实施的情境模式。[①]该模式基于以下三个假设：第一，课程知识包括情境知识，这些知识是教师在教学实践过程中创造出来的；第二，课程变革体现为一种个体在思想和行动方面的成长与变化过程，并不体现为一种课程设计与实施的组织程序；第三，教师不论是调整和创造自己的课程，还是对别人创造和推行的课程做出反应，其课程实践总是基于他们对特殊情境的知觉。这些假设使帕里斯运用解释学（hermeneutics）的方法来研究课程实施。

从情境模式出发，教师创生课程所需的知识与技能等，就不再只是静态的、固定的，而且是情境性和具体化的，是教师通过探究性的教学实践而不断获取与更新的。创生课程的最佳途径是课堂探究、与同事的讨论及共同观察等。通过这些途径形成的课程与教学理念，不再是别人强加于自己的，而是隶属于自己正身处其中的不断前进着的实践活动。

---

① 张华：《课程与教学论》，351～352 页，上海，上海教育出版社，2000。

五、系统模式

系统模式凸显了系统性思维。系统模式认为管理者、教师、学生每一次与课程的交互都是独特的。所以，不存在所谓的课程实施终点，课程实施总是为了促成学生产生更好的表现而存在着。该模式提出了两种关于课程实施的隐喻：一是将课程实施比喻为"运行中的太阳系"。学校中的各部门、各班级、各教师就是太阳系中的星体，虽然有一个管理中心（太阳）存在，但这个中心对各星体的束缚是较为松散的。太阳系中星体间的相互作用，决定了各星体的运行轨道。作用在星体上的各个方向的力，有时会相互冲突、相互抵消，但若想按照一定路线运行，就一定有某一力量占主导地位。二是将课程实施比喻为"向地平线航行"。人们可以调节船只的方向，使它朝向地平线，但这艘船永远也不会真正到达。也就是说，课程实施是一个永远没有止境的过程，为了趋近于理想，只能不断改进课程实施的过程。[①]

该模式启示人们，在课程实施过程中，不仅人与人之间时刻发生着作用，被实施的课程也是有生命力的，它也在时刻更新着"自我"并与系统中的人发生着交互。就算一个新的微型课程得到了实施，不同的时间、不同的地点、不同的个体都在用自己的方式诠释着课程、体验着课程。由于系统内的个体、团体、部门之间在交互中有产生冲突的可能，因此冲突必须得到管理，这样所有人都能从中获益。成功的实施不仅需要精力、时间和耐心的投入，更需要人员及部门之间的合作。在内外力的作用下，课程系统永远处于发展的状态，没有一个所谓的"终点"，课程实施也是如此。为了回应时代和社会发展的需要，更好地满足学生的学习需求，课程变革的历程永远不会真正结束。

第二节　教学方式

关于课程实施的定位，影响较大的有两种观点。一种观点认为课程

[①] Allan Ornstein & Francis Hunkins, *Curriculum: Foundations, Principles, and Issues*, 6th ed, Boston, Pearson, 2012, p. 231.

实施是将课程方案付诸实践的过程。课程实施是达到预期课程目标的基本途径,需要聚焦达到课程目标的程度及其影响因素。另一种观点认为课程实施就是教学。可见,构建并践行教学方式是课程实施的题中之义。教学方式是人们在一定教育教学理念的指导下,系统地组合教学过程的诸多要素,整体地开展教学活动的相对稳定的形式。它的突出特点是超越了对教学活动中各个要素的孤立研究,进而以整体和动态的视角来观照教学活动。教学方式有助于人们认识教学活动各个要素的普遍联系和动态转化。微型课程的教学方式主要有常规教学方式和翻转教学方式。

一、常规教学方式

微型课程的常规教学方式,与人们平时所熟悉的国家课程教学有许多共通之处。相比之下,微型课程的教学更注重活动性,可根据实施场所的不同,分为"课室内"和"课室内外相结合"两类教学方式。

(一) 课室内的教学方式

课程实施主要在课室内进行,可以开发相应的室内教学方式。例如,"数学魔法学院"这门以数学魔术为核心开发出来的微型课程,主要整合使用情境创设、合作学习和探究学习这三种方法,在课室内采用以下三类教学方式。

第一,"呈现魔法—探究魔法—交流魔法—揭秘魔法"的教学方式。这一方式主要着眼于引导学生思考、探究、分析和归纳出相应魔术中的数学原理。具体的操作环节为:一是呈现魔法。教师可以灵活运用多种方法呈现精心选择的数学魔术。比如,教师现场展示数学魔术,教师播放数学魔术视频,教师邀请事先准备好的同事或学生表演数学魔术等。二是探究魔法。教师引导学生探究第一环节所呈现魔术的数学原理。在教学过程中,根据数学魔术的难易程度,教师可以变换多种探究活动的组织方式,既可以组织学生小组合作探究,也可以组织学生独立思考,还可以组织学生同桌之间进行讨论。三是交流魔法。学生将小组合作、同伴互助和个人思考的探究成果,以口头表达、书面要点展示、现场操作表演等多种方式在全班汇报。四是揭秘魔法。师生共同总结已呈现魔术的数学原理,分析其关键点和魔术表演成功的注意事项等。根据具体情况，教师还可以组织学生将此处的"揭秘"成果，制作成新颖有趣的魔法卡，赠送给同学、朋友、父母或其他长辈。

第二，"呈现魔法—揭秘魔法—施展魔法—领悟魔法"的教学方式。当学生对数学魔术有了一定的了解和体验之后，教师可以逐渐带领学生由侧重于"探究揭秘魔法"走向"亲自施展魔法"。这样的教学方式有四个基本环节。一是呈现魔法。与第一类教学方式的相应环节大致相同。值得注意的是，随着学习的深入，学生渐渐喜欢上数学魔术，也会开始注意搜集和模仿一些数学魔术，教师要尽可能留意班里学生的相关情况，尽可能地让学生来精彩地呈现一定的数学魔术，既肯定学生的资源搜集意识，也锻炼学生的操作表演能力，还能增强课堂引入的亲和力和吸引力，更能营造出争先恐后、不断进取的学习氛围。二是揭秘魔法。教师引导学生探究并总结所呈现魔术的数学原理。三是施展魔法。学生在掌握魔法秘密的基础上，亲自表演所看到的数学魔术，可以先在同桌面前表演、小组内表演或自行练习，然后教师选择代表或学生推荐代表在全班表演，体验运用数学原理施展数学魔法的乐趣。四是领悟魔法。学生畅谈揭秘魔法和施展魔法的内心感受，进一步激发学生学数学、爱数学、用数学的意识和愿望。

第三，"呈现魔法—揭秘魔法—创新魔法—施展魔法"的教学方式。在"数学魔法学院"的中后期学习中，教师可以鼓励学生从"模仿式地施展魔法"进一步发展到"创新性地施展魔法"。其教学方式的核心在于"鼓励创新"，其余三个环节和前两类教学方式中的相应环节大致相同。在"创新魔法"环节，教师可以采用"魔法卡片"提示、"魔术精灵"提醒等多种方式，教给学生一些创新数学魔术的基本方法，从而引导学生在已呈现数学魔术的基础上创新出一些新的数学魔术。学生创新魔术的基本方法主要有更新或组合魔术道具、充实或发展魔术内容、转换魔术设计的思维方式等。

（二）课室内外相结合的教学方式

一部分课程的实施需要在课室内外同步或交错进行，也需要开发配套的教学方式。例如，"数学环球之旅"微型课程，将数学课程与国际理解教育课程有机整合，通过"环球旅行"这一新颖形式，引领学生学习与国家数学课程内容相关的数学史知识和数学逸闻趣事等，从而提升学生的数学学习兴趣，拓展学生的数学文化视野，深化学生的数学知识底蕴，增强学生的国际理解意识和技能等。该课程的实施需要师生一起在课室外的走廊上或其他地方布置出"数学环球之旅"的步道，主要的教学方式包括以下三个方面。

第一，"规划旅行路线—撰写旅行笔记—述说旅行观感—评选旅行之星"的教学方式。该方式要求教师予以较多的指导，较为适合刚开始学习本课程的低年段学生。具体操作环节如下。

一是规划旅游路线。教师分别呈现各个国家相应数学知识的学习资料，提示本次可以旅行的国家。全班分为几个旅行团，请学生选择是"所有旅行团一起出发走相同路线"，还是"不同的旅行团从不同国家出发走不同路线"。以"数字知多少"为例，教师可以带领学生走统一旅游路线。比如，教师和学生一起将此次路线规划为"埃及—古罗马—古希腊—阿拉伯—中国"。为了明确路线，学生可在学习卡片上画出箭头标明顺序。

二是撰写旅游笔记。在旅游过程中，每个旅行团的学生借助教师的PPT引导和教师所发的资料，自主将在各个国家获取的数学知识加以记录。记录完毕后，各团成员将其进行梳理并交流发现与感想，填写在"_____环球之旅"知识卡片的相应位置（参见图7-1）。

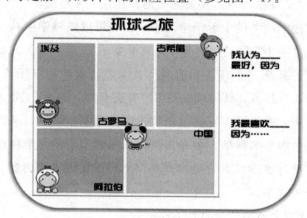

图7-1 "数字知多少"学习卡片

三是述说旅行观感。各个旅行团派代表在全班展示本团的学习卡片。一个旅行团分享之后，其他旅行团轮流发表评论。期间，教师可适当点评。教师要注意引导学生对比各个旅行团在旅游中获取的数学知识的差异性，帮助学生认识到各国数学史的多元性以及与人分享交流的重要性。

四是评选旅行之星。每个旅行团派出一名成员组成"联合国内阁"，内阁中的成员综合各团及其成员在本次旅行途中的表现、学习卡片的填写情况以及旅行观感的展示水平等，评出旅行团之星和旅行者之星。随后，教师或内阁成员发表授奖词。授奖词要特别突出以下内容：梳理获奖团队或个人在国际理解态度、能力和知识三个方面的收获；总结和巩固本模块的数学知识要点。

第二，"参与国际交流会—撰写会议记录—召开联合国参议会—颁发荣誉奖项"的教学方式。该方式要求学生自主学习，教师予以一定的指导，对已经学习了本课程一段时间的中年级学生较为适合。具体操作环节如下。

一是参与国际交流会。即展示本国知识发展情况与聆听别国知识发展情况。学生在课前随机分组，抽签决定本组所代表的国家，然后搜集、筛选、整理自己所代表国家与本模块课程主题相关的数学知识。课上，各个小组出席"国际交流会"，并派代表组成"联合国参议院"（教师属于其中的一名成员）。接下来，各个小组轮流展示本国相关知识的产生和发展情况，通过讲解相关数学家、数学学派和重大数学事件等，了解数学思想演变的内在逻辑，知道数学知识的发展程度。

二是撰写会议记录。各个代表国成员在观看别国展示时，撰写会议记录，主要记录各个国家数学知识的概况、起源的必然性和重要性、发展现状等，也需要记录各国在该知识领域的借鉴发展关系。所有国家展示完毕之后，联合国参议院的议员负责收集、整理、归纳各国记录，并评价各个代表国的表现情况。教师作为一员，也要适时评议，为学生提供适当的引导。

三是召开联合国参议会。首先，由1～2名联合国参议院的议员发言，简要概述本次交流会各个国家展示的内容，重在体现知识之间的内在联系，简要指出知识的未来发展趋势；其次，从展示形式的新颖性、语言的通俗性、数学史的准确性、详略是否得当、国际理解的深入度等方面评价各个代表国的表现情况。

四是颁发荣誉奖项。即评选出最佳风采国、联合国主席。综合本节课的各项表现，由联合国参议院议员商议，投票选出最佳风采国，由各国成员商议，投票选出联合国主席。随后，获奖者发表获奖感言。感言要求注重对自己在国际理解态度、能力和知识三个方面的发展程度进行评价，注重对本模块数学知识要点进行总结。

第三，"参与国际联合社区活动—撰写展示笔记、旅行笔记—举行国际学习分享会—召开国际评选会议"的教学方式。该方式要求学生有较高的自主性，适用于对本课程有较多学习经验、基础较牢固的高年级学生。具体操作环节如下。

一是参与国际联合社区活动。即展示本国风采与体验别国风采。展示本国风采要求学生在课前随机分组，抽签决定本组所代表的国家，搜集和准备好与本模块课程主题相关的资料和道具等。课上，每个小组都有自主活动区。学生依据自己代表国的历史文化等特点，布置活动区，并配以 2～3 名本国形象大使。大使的主要职责是负责引导别国"游客"参观、学习。大使需要掌握本国相应知识的起源与发展、相关的数学家概况以及一些趣闻逸事，了解本国知识与别国知识的联系与区别，同时善于将自己讲解的内容与本国活动区的资料、道具相结合。体验别国风采，是指布置好各个活动区之后，各小组组成"旅行团"到其他国家的活动区参观。为保证课堂秩序与调控课堂节奏，各"旅行团"在教师的组织下，分别到各个活动区参观。当参观到某国时，主要由该国的几位形象大使进行讲解。

二是撰写展示笔记、旅行笔记。根据本国的展示，填写展示笔记，依据到别国的见闻填写旅行笔记。两项笔记的形式不限，连环画、文字、图表等皆可。展示笔记要求突出：本国展示数学知识的形成过程、相关数学家、数学事件的方式及展示效果。旅行笔记要求突出：别国数学知识的形成过程（时间、背景等）、相关数学家、数学事件，数学知识形成的原因，与"其他国家"人们的交流情况等。

三是举行国际学习分享会。所有旅行团简单交流后，各个国家派代表在全班汇报展示笔记和旅行笔记。汇报时，重在厘清所有国家关于同一数学知识的发展脉络、数学知识的源流及其当前的发展程度，以此分析数学思想演变的内在逻辑，挖掘数学知识在各个国家产生的原因，并倡导开放、理解、尊重的态度。一位代表汇报之后，全班学生可以发表看法。其间，教师需要做适当点评。

四是召开国际评选会议。首先，每国派出一名成员，组成"世界人民代表大会"，评选出最佳代表国、最佳风采国。其次，提名最佳旅行者和最佳大使。得到提名的旅行者和大使，通过演讲的方式争取大家的选票，获选票多的演讲者当选为最佳旅行者和最佳大使。演讲也要求总结自己在国际理解态度、能力和知识三个方面以及在数学知识方面的收获。

二、翻转教学方式

近年来，基于微课而新兴的"翻转课堂"以其显著优势，正在成为各国高校与中小学课堂教学改革的一种主要方向。由此，一种新型的教学方式"翻转学习"（flipped learning）应运而生，即学生在课下对以微视频为主的教学材料进行自主学习，课上则在教师的指导下完成作业、提问或开展项目实践、应用实验、协作学习和深度研讨等活动。随着实践推进，陆续出现了对翻转学习的本质、要素和成效等的"冷"思考。例如，教学实践流于形式，未实现翻转学习的精髓；课前难以组织、课上知识内化缺少深度，等等。为了克服这些问题，"翻转学习"从流程的翻转，深化到学习目标与内容的翻转，旨在最大限度地利用面对面的教学时间，以学习者为中心，最终聚焦于促进深度学习。

近年来，我国中小学教师不断探索"先学后教"的有效实施，出现了诸如"导学案""前置性学习"等"先学"方式，旨在充分发挥学生自主学习能力。这些"先学"方式通常采用纸质学习材料，由学生课外完成。而聚焦知识点教学的"微课"出现，丰富了"先学"资源的呈现方式，突出了"先学"环节中的教学引导。以视频为主要呈现方式的微课，能使一些虚拟抽象的概念具体化，有利于学习者在大脑中建构认知图式模型，从而降低学习难度。微课与翻转学习的出现，给"先学后教"带来了新的发展契机。

考虑到部分学生（如大多数小学生）自主学习能力不足、家中自主学习缺乏监控等因素，由教师带领团队，将一般意义上的翻转学习进行了改变，探索出"1＋1"校内两课时翻转学习方式。[①] 根据安德森的认知

---

① 设计者为李宇韬。

目标二维分类法，就"认知过程维度"而言，在"记忆、理解、基础应用"等低阶认知阶段采用"个别化自主探究"学习，每位学生在校内用一课时基于微课充分自主学习，被微课"解放"的教师则对有需要的学生进行及时指导；在"综合应用、分析、评价、创造"等高阶认知阶段采用"面对面互动交流"学习，教师针对学生的"学"合理组织师生互动、生生互动等丰富的学习形式，帮助学生内化、提升。就"知识维度"而言，由于微课学习有配套学习单的引导，"元认知知识学习"贯穿整个过程；对于学生力所能及的事实性、程序性知识的学习，采用"个别化自主探究"是可行的；而对于需要深度思维参与的概念性知识学习，则采用教师主导下的"面对面互动交流"方式。

例如，"三角形的内角和"校内两课时"1＋1"教学目标安排为：第一课时，以学生在校内课堂上自主探究三角形内角和为主，完成相应基础练习；第二课时分成两部分，第一部分进行三角形内角和的相关知识、技能、数学思考的提升，第二部分将所学知识、技能与探究方法迁移到四边形等多边形内角和的学习中。这两课时的教学方式与对应目标层次为：第一课时采用"个别化自主探究"学习，主要达成事实性知识、概念性知识、元认知知识学习在记忆、理解和基础应用层次的目标；第二课时采用"面对面互动交流"学习，主要达成对事实性知识、程序性知识、元认知知识学习在综合应用、分析、评价、创造层次的目标以及概念性知识的内化与提升目标。

"1＋1"教学过程安排为：在第一课时学习中，微课提供学习"支架"，学生自主探究三角形内角和，表达与记录学习过程中的思考，初步应用"三角形内角和是 180°"解决简单的数学问题。这一课时以"自主学习单"为载体，帮助学生进行思维的自我监控，促进元认知能力的提升。为了关照学生学习进度有差异的问题，该课时辅以"生生互助"和"自主讨论"等形式，让学有余力的学生有事可为。根据"自主学习单"的反馈，教师获得学生的学习信息，包括三角形内角和结论的理解与应用情况，从特殊到一般、从验证到结论的思考情况以及其他有质疑的问题。这些信息是第二课时教学设计的重要资源。在第二课时学习中，教师针对学生自主学习结果组织教学，主要是回顾第一课时的知识与技能、过程与方法，针对学生自主学习中存在的疑惑进行交流，促进学生的数学思考，进而让学生在解决较复杂的数学问题过程中提升问题解决能力，最后在探究四边形内角和与多边形内角和的数学问题中进行知识技能的迁移与拓展。

第三节 环境开发

环境开发就是通过开发课室环境、校园环境、校外环境和网络环境等，将课程内容"融化"到环境之中，使学习者一旦置身于这样的环境，就自然生发出特定的学习兴趣和意向，产生主动学习的反应，从而与环境中某些特殊条件产生相互作用，获得特定的学习经验。以学习者的学习心理为依据，以其学习结果为定向，环境的设计与开发就催生出了学习环境（learning environment）创新的新兴研究领域。

一、现场环境开发

现场环境开发包括课堂环境、校园环境与校外环境等的开发。开发课堂环境，主要是将一定的课程内容以艺术化的方式"融入"课堂环境。根据微型课程主题和内容布置相应的课堂环境，让学生获得身临其境之感，从而激发情感体验，达到对课程内容具体而深刻的理解。比如，在"保护海洋动物"的课程实施过程中，教师可以用海底动物、海底植物和海洋全景等具有"海底世界"元素的卡片或者贴纸来布置课堂环境。

课程开发与校园环境开发存在天然的紧密联系，两者相互促进、交融共生。但在实践操作中，这两者的关系常被忽略。许多课程开发者不太重视对相应校园环境的设计与创新，许多校园环境开发者也不太关心对学校中各门课程的支持和服务。鉴于此，弥合两者之间的割裂，让环境建设和课程创新相互支持、整合发展，就成为值得重视和研究的主题。目前，一些学校已经进行了相应的尝试。比如，某小学在开发"篆刻文化"课程的过程中，通过校园环境建设，营造了浓厚的篆刻文化氛围，有效提升了课程开发品质和学生学习效果。该校在物理环境建设上，建成了"三室一廊"。"三室"即篆刻工作室、篆刻活动室和篆刻陈列室。"一廊"即篆刻长廊，廊上有齐白石、王羲之等书画大师的雕像和作品，让学生感受大师的优秀作品，同时培养民族文化精神。学校也把课室布置与篆刻文化结合起来，利用班级宣传栏、黑板报和学习园地对学生进行篆刻文化熏陶。在校园组织文化建设上，该校成立了以学生为主的社团"金石文化社"和以教师为主的组织"金石沙龙"。学校还根据不同时期的社会热点，定期组织篆刻文化主题活动。2008 年北京奥运会，举办了"我是篆刻小能手"主题活动，以年级为单位，开展认识奥运图标、画画奥运图标、刻刻奥运图标的活动并评选奖项，激发学生参与奥运、学习篆刻的热情。① 可见，课程的开发需要做好学习环境的开发，在一定意义上，课程开发的过程就是校园环境建设和校园文化发展的过程。

当下，校外的环境开发正在得到关注。例如，数学步道被开发出来用以支撑在具体情境中运用数学知识解决实际问题的活动，其活动地点无强制规定，一般选择学生熟悉的生活场所，通常是家庭、社区、博物馆等。数学步道主要包括步道设计和活动实施两大步骤。

第一，步道设计。一是选择合适的活动地点。比如，英国教师在伦敦运河博物馆（London Canal Museum）设计了数学步道。该博物馆是亲身体验学习英国伦敦运河的互动中心，可以为人们提供直接体验当地运河环境的机会。二是观察选定的地点，确定与数学关系密切的位置，给每个位置拍照，画成缩略图并编号。以运河博物馆为例，运河小船、冰井、养马场展览馆等都可作为活动位置。三是具体设计每个位置上与数学相关的问题及适用年级，作为整个数学步道中的一个模块。伦敦运河博物馆步道设计了多个模块的活动，主要有运河小船上的家、称重、煤、时间轴、冰井、旅途、对称和估计。这些活动反映了对问题解决、数据处理和解释、形状空间的测量以及心算数学的重视。其目标包括：提升长度和重量的测量技能；提升问题解决技能和估计技能，提高心算能力；在古老运河艺术中发现对称轴。其中，"冰井"模块针对不同水平的学

① 谢卫东：《篆刻文化：校本课程的开发与实施》，149～165 页，上海，华东师范大学出版社，2010。

生，设计了两个难度层次的活动。①

"冰井"设计一：

请往冰井里看，假设你在井的底部，背靠着墙。你和朋友将用叠罗汉的方式，每个人踩在下面一个人的肩膀上，需要多少个人才可以够到井口？（参见图 7-2）在表中写下他们的名字，并说说你是怎么解决的。

图 7-2 冰井活动示意图

"冰井"设计二：

①请往冰井里看，假设你在井的底部，背靠着墙。你和朋友将用叠罗汉的方式，每个人踩在下面一个人的肩膀上，需要多少个人才可以够到井口？

答：（   ）个朋友

②现在请计算出井的深度，并解释你是怎么计算的？

③冰块是逐层叠加储存的，每块冰大概 50cm 高，那么叠加多少块冰可以到达井口？

教师、学生和家长均可参与步道开发，若学生水平较高，则提倡先由学生自主设计，再通过师生分享讨论加以修改和完善。初次接触数学

---

① "Mathematics trail," http：//www. canalmuseum. org. uk/education/teacher/lcmmath-strail. pdf，2015-08-09.

步道时，教师要先给学生示范和讲解，再鼓励学生进行自主设计。

第二，活动实施。在精心设计的基础上，学生携带活动单及其他需要的工具，如卷尺、镜子等，到指定地点完成任务（分组或独立均可）。完成活动单后，还要进行课堂交流——这是数学步道必不可少的步骤。在活动过程中，教师应注意营造平等和谐的交流环境，鼓励学生自由表达，不急于对学生的思路进行点评和指导。这个步骤不仅能够深化学生对数学知识的理解，还有助于增强学生应用数学的能力。以"冰井"活动为例，教师可组织学生思考和讨论以下问题：朋友们的身高各不相同，是否影响估计？你是怎样估计的？如何确定一个估计的误差范围？在讨论过程中，学生相互交流想法，深化对"冰井"深度估测这一活动的认识，有效达成提升数学思考和估计能力的目标。

校内也可以开发数学步道。英国多所学校有过探索，步道地点设在操场等地，学生的参与度和专注度都非常高，受到了教师和家长的欢迎。[①] 数学步道在我国台湾大中小学的校园里也颇为流行，一些学校巧妙利用围墙、道路、建筑、操场等设施，在细节处精心设计的相关数学问题犹如闯关游戏，极大提升了数学活动的趣味性。比如，操场上的数学问题有：看台坐满观众，每位观众都是像你一样的体型，而且坐的时候，肩膀和肩膀刚好轻微接触，可以坐多少位观众呢？我估计可以坐（   ）位，我用的方法是（   ）。

借鉴数学步道，其他课程亦可开发相应的步道环境。总体而言，步道设计灵活，形式新颖，适用范围广。每条步道可分为多个活动模块，每个模块又有难度不同的活动，方便学生根据自己的能力和时间加以选择，易于激发学生的挑战心理和参与兴趣。尽管如此，设计相应步道时教师也应该注意以下两个关键问题：一是活动难度是否适合学生的实际情况；二是学生是否有充足的时间完成这些活动。

二、网络环境开发

21世纪是学习的世纪，无论身处何处，网络都为我们每个人提供了

---

① Jan Winter, et al, *Improving Primary Mathematics：Linking Home and School*, London, Routledge, 2009, pp. 62-65.

学习的机会。① 泛在学习、移动学习、非正式学习成为当代学习的创新形态，昭示着学习环境不再是封闭的，而是开放的、共享的。比如，目前一些学校依托"Moodle"（modular object-oriented dynamic learning environment，译为"模块化面向对象的动态学习环境"）创建了在线课程，具有课程资源管理、班级/小组管理、学习记录跟踪、在线测试评价、交流互动分享等功能。对微型课程而言，比较适合的是 WebQuest 和 MiniQuest 模式。

第一，WebQuest 模式。WebQuest 是在网络环境下，利用互联网资源，由教师引导，以一定的目标任务驱动学生对某个问题或某类课题进行自主探究，通常包括以下模块。一是导言。提供背景信息，激发学习动机。以"庆祝圆周率日"（Pi Day Celebration）为例②，其导言部分为：数学符号 π，有时也被写作 Pi，大约是 3.14159。每年的 3 月 14 日，世界上的数学爱好者都会来庆祝圆周率日。你将要探索 π 的意义，并且通过网上活动庆祝圆周率日。二是任务。描述学生将要完成的所有任务。"庆祝圆周率日"有三个任务：回顾圆的周长和面积的知识；通过网络探究 π 的产生和意义；选择一些网上活动来庆祝圆周率日。三是过程。将任务分解成循序渐进的若干步骤，就每个步骤提出短小清晰的建议。上例将任务分为四个步骤：学习 π、学习 π 的产生和意义、学习圆周率日以及庆祝圆周率日。每个步骤都具有较大的延伸空间，设计者会提供较多的网站资源供学生链接学习。其中，"学习 π"部分，先用一些例子和练习引导学生回顾"圆的周长和面积"的知识，还设置了"圆的游戏"，以难度不同的游戏方式，帮助学生掌握直径、面积等概念。四是资源。为学生提供预先选定的完成任务必须的信息资料，如相关网站、课件、视听媒体、书籍等。上例提供的资源，包含自身网站提供的主题课程学习材料、学习单和游戏。在"过程"部分，点击相应任务后，会直接链接到相应网站或搜索引擎。五是评价。列出对任务完成情况的评价标准，标准必须公正、清晰、一致，适用于特定任务，并且评价主体要多样化。上例

① ［美］柯蒂斯·J. 邦克：《世界是开放的：网络技术如何变革教育》，焦建利译，中文版前言 4 页，上海，华东师范大学出版社，2011。

② "Pi Day Celebration," http://www.mathgoodies.com/webquests/pi_day, 2015-08-09.

中的评价有课后练习的即时正误反馈、参考答案、主题信息摘录，以及圆周率日活动中自主创作的诗歌和明信片等。六是结论。总结学习内容和经验，鼓励对过程进行反思，对学习成果进行拓展推广。

第二，MiniQuest 模式。MiniQuest 是在 WebQuest 基础上发展起来的，它针对 WebQuest 难度较大、持续时间过长等问题，将其简化以便运用起来更为灵活。主要分为情境、任务和成果三大模块①。一是情境。设计问题解决的真实情境，赋予学生角色并使其置身于问题情境中。以"马里兰移民"（Maryland Moving Man）为例，情境为"你的叔叔将要移居马里兰。他将在巴尔的摩工作，他有两个未成年的儿子。他想在附近的县区买一套房子，不要太拥挤也不要离工作地太远。他的电脑坏了，所以他需要你的帮忙，帮他搜寻一些适合的地点。"二是任务。该部分旨在为学生提供解决问题的支架，学生可以根据提示，访问包含所需信息的特定网站，获取有效信息，从而解决问题。上例的任务分为三步：第一步点击链接，从地图上找出离巴尔的摩较近的县区，锁定并记录四个距离最近的县；第二步在给定资料中搜寻每个县区的人口信息并记录；第三步就是分析信息，确定人口最少和最多的县区，再访问给定网站，搜索其他人口普查信息以辅助决策。MiniQuest 的任务步骤清晰，而且简化了信息查找过程，更有利于提高学生解决问题的效率。三是成果。学生对所获取的知识加以论证，提出新的见解，并回答情境中的问题。完成上例中的任务后，学生需要展现的成果是，给叔叔写一封包括具体资料的信件，建议一个最佳选择并说明原因。通过成果展现，教师将做出对学生学习过程与结果这两个方面的评价。

建构主义学习理论提出，情境、协作、会话和意义建构是学习环境的四大要素。② 环境开发的关键在于创设特定情境，加强学习者的协作和会话，进而促进学习者的意义建构。当下知识建构思想的出现，使得面向知识建构的虚拟共同体建设开始受到人们关注。③ 信息通信技术为虚拟共同体进行知识建构提供了强有力的支持，如支持观点陈述、知识共享、

---

① 该案例来自 Anne Arundel County Public School 的课程设计"Maryland Moving Man"。
② 何克抗：《建构主义——革新传统教学的理论基础（上）》，载《电化教育研究》，1997（3）。
③ 柴少明：《知识建构引领教育创新：理论、实践与挑战》，载《开放教育研究》，2017（4）。

观点论证、协商探讨、成果展示等。美国的"科学教育在线项目"（Science Education with Online Projects，SEOP）就是成功的案例之一。全球各地的学生围绕共同感兴趣的主题组成虚拟共同体（http：//www.ciese.org/），开展基于在线项目的科学探究活动。该项目建立了专家指导联盟，与学生组成在线研究共同体。例如，在"家庭一天用水量的研究"项目中，提供了三类专家（环保专家、地质专家和数学专家），学习者可以与他们进行深入探讨与交流，共同切磋如何攻克问题与技术难关。项目还提供了一些协作软件和交流工具，如项目组邮箱、视频会议系统、共享软件、协作白板等，供学习者在协商论证过程中"像科学家似的"建构自己的思维模型。

第四节　学生领导

学生在课程实施中的地位，正在经历较大的转变。从"对儿童"（on children）的课程实施，已过渡到"与儿童"（with children）一起开展课程实施，当下走向"依靠儿童"（by children）进行课程实施，属当务之急。

一、突破防学生式的课程实施

长期以来，学生是课程实施及其研究中的一个"弱势群体"。当成人考虑到学生时，通常把学生当作课程变革的潜在受益者，很少了解和倾听学生对课程实施的感受和意见，更不用说在实施过程中或修订方案时采纳他们的建议了。如果说 20 世纪五六十年代美国新课程运动的失败，促使人们由仅仅关注"防教师"式（teacher-proof）的课程方案设计，走向重视教师的课程实施，那么对课程实施成效的考量，则推动人们由"防学生"式（learner-proof）的课程实施，走向重视学生在课程实施中的重要参与角色。

课程实施的成效最终都体现在学生的学习结果上，学生参与课程实施有利于课程改革走向成功。而且，学生具有参与课程实施的能力。研究表明，即使是很小的儿童对课堂公平和学生评价等学校生活的重要方面，也有着比较成熟的看法，这些看法极大地影响着学生的学习动机。①因此，课程实施的促进者和研究者应该把学生的意见作为决策的基础。学生参与课程实施及其研究主要有四种形式：学生作为数据来源、学生作为积极反应者、学生作为共同研究者和学生作为研究者。②

值得重视的是，在微型课程实施之初，如果能够开宗明义地告知学生期望他们达成的学习目标，即将课程目标做出明晰化的表达，有利于学生快速、有效地利用自己的原有知识经验对学习目标形成合理的预期，对完成微型课程学习后的评价内容和标准形成先期的了解，进而有利于学生根据自身能力和努力程度预测自己达成微型课程目标的可能性，有利于学生规划自己的学习路径，增强学习自信心及效能感，提升学习投入度，在一定程度上保障学习成效。

教师将自己的期望以学生能够明白的方式告知学生，使之成为学生的学习目标。这要求学生能认识与理解教师的期望，弄清楚怎样才是成功的学习，使之转化为自己的学习意图。学生对学习目标的认识，不仅仅是知道"我要学什么，要做什么"，更深层次的要求是，要建立学习认同感，要反复地反思性提问"这对学习意味着什么"③，此过程与"深度学习即理解"（deep learning as understanding）的隐喻不谋而合。学生不仅从世界中接收智慧，而且试图理解"为什么要接收"；前者是认知层面的表层学习，后者则是认识和理解世界层面的深层学习。对学习目标清楚而深刻的认识，可以帮助学生明确评估标准，激励自己将评估经验内化为学习经验，努力开发出个性化的方式来监控和改进自身的学习。

二、创生学生领导的课程实施

吸引更多学生深度参与甚至领导微型课程实施，这似乎是一种奢望，但当下需要踏上这条探索之路。比如，针对课程实施占用教师过多时间等问题，可以鼓励学生自主领导，选择适合的学生组成领导小组，自主

① Theresa Thorkildsen, et al, "What's Fair? Children's Critiques of Practices That Influence Motivation," *Journal of Educational Psychology*, 1994 (4), pp. 475-486.

② 尹弘飚、李子建：《论学生参与课程实施及其研究》，载《课程·教材·教法》，2005 (1)。

③ Mel Cohen, "Participation as Assessment: Political Science and Classroom Assessment Techniques," *Political Science and Politics*, 2008 (3), pp. 609-612.

分析学情、选择和组织同学开展活动，既可以关照教师精力有限的事实，又能够借此锻炼学生的多种能力。在领导课程实施的过程中，学生能够扮演如下角色。

第一，学生作为课程实施的规划者。即学生自主设计课程实施，或者与教师一起规划课程实施以及为课程实施制作预算。美国加利福尼亚州的一所中学邀请学生参与课程会议，师生共同规划、建构学习单元。[①] 另外，可以考虑让学生在选择课程、选聘任课教师等方面行使投票表决权。

第二，学生作为课程的任课教师。即学生担任教师的教学助理、学生与教师或同伴搭档讲解课程、学生对同龄学困生进行辅导或学生给成人上课以促进其专业发展。美国华盛顿州的 Gen YES 项目是学生教老师的典型案例，主要是 4～12 年级的学生帮助教师在课堂中使用教育技术。学生可以成为优秀的教练，耐心地支持和帮助教师。学生既可对教师进行集体培训，也可一对一培训。十余年的实践证明，该项目不仅提升了教师的信息技术与课程整合的能力，而且还让这些学生发展了 21 世纪所需要的多种能力，如领导力和创造力等。Tech YES 项目则是学生教学生技术的项目，包括互联网安全和伦理、网络礼节、网络欺凌、学生技术领袖培训等课程内容。所以，当我们感到缺乏微型课程实施师资时，别忘记了去发现学校和课室里的学生"专家"。

第三，学生作为课程资源的开发者。即学生通过多种努力，为课程开发争取资源。美国犹他州一所学校的五年级学生，为了重建学校的图书馆，通过调查研究、头脑风暴、筹款、演讲、游说、撰写提案等，得到了当地、州和联邦政府的支持。他们拥有了崭新的设施设备，为实施新的课程奠定了基础。

---

① Suzanne SooHoo, "Students as Partners in Research and Restructuring Schools," *The Educational Forum*, 1993 (4), pp. 386-393.

第八章 微型课程的评价

"评价是课程变革的催化剂（catalyst）。"[①] 课程评价，主要是对课程规划、实施及其结果进行评估，以确定预期课程目标是否实现，学习和计划是否成功。课程评价既是课程开发的一个阶段，更是渗透于开发全过程的一个要素。课程规划和实施总是包含着评价。课程规划阶段的评价，就是对课程原理、课程目标、课程内容及其组织结构的选择和决策，对所涉及的有关教师、学生和课程资源应用进行合理性评估，并提供即时的反馈调节，以尽可能地完善课程设计。课程实施阶段的评价，侧重于对课程实施的具体计划、教师的教学组织表现、学生的学习活动过程及其结果、课程资源的应用及其效果进行即时评估和反馈调节，以尽可能地完善课程实施过程。课程评价阶段，也包含着对自身的评估，包括对评价技术和方法选择、评价实施各个细节以及评价结果展开即时评估和反馈调节。当下的微型课程开发，需要特别重视对学生学习成效的评估，即学生通过微型课程，真正学到了什么。

第一节 评价模式

课程评价作为提升课程开发质量的一种强有力手段，帮助人们获得改进课程的信息，为人们的课程决策提供依据。为了提升课程评价成效，可以选择某一种评价模式或综合运用多种模式。比较适用于微型课程评

---

① Mary Barnes, et al, "Assessment: The Engine of Systemic Curricular Reform," *Journal of Curriculum Studies*, 2000 (5), pp. 623-650.

价的模式主要有达标（goal-attainment）评价模式、差异（discrepancy）评价模式、全貌（countenance）评价模式、背景—输入—过程—成果（CIPP）评价模式、"法庭"（judicial）评价模式和目标游离（goal-free）评价模式等。

一、达标评价模式

达标评价模式，是目标达成评价模式的简称，主要是基于目标开展课程评价，旨在评价课程目标达成的程度。最早的系统应用是在泰勒的"八年研究"中，基本程序如下：建立目的或目标；将目标加以分类；用行为术语界定目标；寻找能显示目标达成程度的情境；开发或选择测量的技术；搜集学生表现的资料；将搜集到的资料与行为目标进行比较。[1] 这一模式又称为泰勒评价模式或行为目标评价模式。"目标"是评价的出发点，也是判断课程设计与实施成效的主要标准。

由于具有逻辑清晰、易于理解、便于操作等优势，该模式在国际课程评价领域影响很大，在很长时间里都占据着主导地位。后人提出的评价模式，有不少都是在继承、发展、反思或批判该模式的基础上形成的。

二、差异评价模式

差异评价模式是由普罗弗斯（Provus）提出的，可以用来对处于规划阶段或实施阶段等各阶段的课程进行评价，也可以用于对学校、学区、地区或州等各层面的课程进行评价。该模式包括四种成分和五个阶段。[2]

差异评价模式的四种成分：确定课程的标准；确定课程的实际表现；将课程实际表现和标准加以比较；确定课程实际表现和标准之间是否存在差异。

差异评价模式的五个阶段：一是设计（design）阶段。将课程设计与预先规定的标准进行比较。这两者之间存在的任何差异，都要向课程决策者汇报，决策者必须做出决定，如放弃、修订或接受该课程设计。二

---

① 黄政杰：《课程设计》，368 页，台北，东华书局，1991。

② Allan Ornstein & Francis Hunkins, *Curriculum: Foundations, Principles, and Issues*, 4th ed, Boston, Allyn & Bacon, 2004, pp. 341-342.

是安装（installation）阶段。将课程的实际运作情况与预先规定的安装标准进行比较，包括比较现有的设备、媒体、方法、学生能力和教职员资质等与规定标准之间的差异。这些差异都要记录下来，报告给决策者以便其采取适当的行动。三是过程（processes）阶段。将具体的课程实施过程与预先规定的标准进行比较，包括比较学生和教职员的活动、作用发挥和交流等与规定标准之间的差异。发现任何差异，也要报告给决策者，使其能够做出适当的调整。四是成果（products）阶段。将课程成效与最初确定的目标进行比较，包括评价学生、教职员、学校和社区等取得的成果是否达到了最初确定的目标。这些信息有利于决策者判断课程的价值，进而做出继续、修订或终止课程的决定。五是成本（cost）阶段。要与其他类似课程的成果进行比较，也要从成本—效益的角度分析该课程。必须考虑，课程的成效与投入的成本是否相当，这些成本包括财力和时间等。对这些问题的回答具有经济、社会和政治的意义。

以上四种成分完全渗透到五个阶段之中，课程决策者收到各个阶段报告的差异信息之后，就要及时做出相应的决策，这些决策包括进入下一阶段，返回前一阶段，调整课程实际表现或修订规定的标准，重新开始或者终止课程等（参见图 8-1）。评价者的职责是向决策者汇报情况、指出问题以及提供改进建议。当课程的实际表现与规定标准出现了差异，课程决策者就成为做出决策的核心人物。

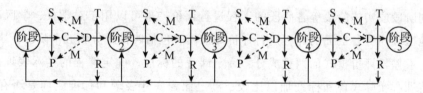

S=标准（standard）　　　　　P=实际表现（performance）
C=比较（comparison）　　　　D=标准与实际表现之间的差异（discrepancy）
M=修订或调整（modify or change）标准或实际表现（standards or performance）
T=终止（terminate）　　　　　R=重复（recycle）

图 8-1　普罗弗斯差异评价模式[①]

---

① Allan Ornstein & Francis Hunkins, *Curriculum: Foundations, Principles, and Issues*, 4th ed, Boston, Pearson, 2004, p. 340.

该模式关注到"应然"和"实然"之间的张力，重在比较课程设计和实施应该达到的标准与实际表现之间的差异，采用分阶段的方式报告给课程决策者，对及时做出课程决策具有重要意义。该模式主张，当发现标准与实际表现的差异后，不仅可以改进实际表现，而且可以修订已有标准，这是其特色之一。

三、全貌评价模式

全貌评价模式是由斯塔克（Stake）提出的。他认为，评价应该从三个方面搜集有关课程的材料：前提条件（antecedents）、相互作用（transactions）和结果（outcomes）。前提条件是指教学之前业已存在的、可能与结果有因果关系的各种条件；相互作用是指教学过程，主要是指师生之间和生生之间的关系；结果是指课程实施的效果。针对这三个方面，都需要从"描述"和"评判"两个维度来展开评价。描述包括"课程设计中预先设想的事项"和"实际观察到的情况"；评判包括"根据既定标准的评判"和"根据实际情况的评判"。参见表 8-1。[①]

表 8-1　斯塔克全貌评价模式

矩阵 领域	描述矩阵		评判矩阵	
	预先设想的	实际观察到的	根据标准的评判	根据实际情况的评判
前提条件 （教师与学生的特征、课程内容、教材、社会背景等）				
相互作用 （交往流程、时间分配、事件序列，社交气氛等）				
结果 （学生成绩、态度、动作技能、对教师及学校的影响等）				

---

① 施良方：《课程理论：课程的基础、原理与问题》，158～159 页，北京，教育科学出版社，1996。

该模式既重视课程结果的评价又重视"前提条件"和"相互作用"的评价，既关注预定目标的达成又关注实际发生的情况，赋予了课程评价更广阔的视野。该模式还认为，评价者不仅应该评价各种人员所发挥的作用，而且应该尽量让这些人参与到课程评价中，对一些实际情况进行描述甚至判断，这就有利于受评者主体性的发挥。

四、CIPP 评价模式

斯塔弗尔比姆（Stufflebeam）很看重课程评价对课程决策的重要作用，认为不应局限于评价目标达成的程度，还要评价相应的背景、条件和过程，从而为课程决策提供更加全面的信息。他认为课程评价由背景（context）评价、输入（input）评价、过程（process）评价和成果（product）评价构成。人们通常取这四类评价的首字母，将其简称为CIPP 模式。该模式的核心观点是，评价最重要的目的不在证明（prove）而在改进（improve）。

从实质上来说，CIPP 模式期望通过课程评价，发展出一系列可达成预期目标的替代性方案或策略，供课程决策者从中选择，进而达成改良课程的理想。具体包括以下环节：一是背景评价，具有诊断性，相当于"情境分析"，主要是分析课程所处的社会背景等，以确定课程目标是否恰当；二是输入评价，主要是"可行性"分析，即在原有课程目标修订后，对目标所需要的条件进行评价，以保证目标达成的可行性；三是过程评价，是在课程实施中获得信息反馈，进行及时处理和改进；四是结果评价，重点判断课程目标的达成程度。

五、"法庭"评价模式

欧文斯（Owens）认为，评价模式应是创设一种冲突情境，而不是严格地写出所需采取的详细步骤。他借鉴法庭上的对手辩论（adversary）做法，提出了"法庭"评价模式。这一模式可以包括各种评价活动，这些活动的核心是安排时间听取正反两方的观点。选出一个评价者或评价小组充当正方，提出支持课程的正面意见，其他的评价者或评价小组充当反方，强调课程中存在的问题。这种模式很像法庭审判，每一个受到新课程影响的人都有机会在"法庭"上发表意见，这样，人们能获得关于新课程的更加准确的看法，作为课程采纳与否的依据。[①]

该模式主张评价活动可以向公众开放，进而吸引更多的人参与到课程评价中来，发表自己的意见。而且，这种活动本身就对所有参与者具有教育意义，可以帮助人们深化对新课程的理解。

六、目标游离评价模式

斯克里文（Scriven）认为，课程评价最应该关注课程的实际效果，而不是其预期效应，即预定目标的达成。在他看来，许多课程评价模式都只考虑到预期效应，忽视了非预期的效应。但是，实践中的某些课程虽然达成了预期目标，却附带造成了其他有害的后果，有些课程预期目标达成度不佳，可带来了其他重要的成效。所以，他明确提出，根据预定的目标来进行课程评价，不仅没有必要，而且很可能是有害的。因为这会使评价者受课程目标的限制，大大缩小评价的范围，从而削弱评价的意义。斯克里文提出了目标游离的课程评价模式，主张把课程评价的重点从"预期的课程结果"转向"实际的课程结果"，倡导重点评价课程产生的"非预期结果"。

该模式要求课程评价不能仅限于评价目标的达成度，还应当考虑"非预期结果"，课程评价不仅要对照决策者的意愿来检查效果，还要广泛系统地搜集民意，考察实际收到的效果。这一评价模式打开了评价者关注的视野，能反映更多的真实情况，也具有民主色彩。不过，这一模式不能极端化地运用，即撇开目标去找所谓的实际效果。

第二节 评价策略

课程评价的对象比较复杂，归纳起来主要包括以下六个方面：一是课程文本材料，如课程计划、课程标准、课程设计方案、教材、课程实施和课程成果总结等。二是教师教学。文本形态的课程，主要依靠教师的教学

---

① ［美］奥恩斯坦、［美］汉金斯：《课程：基础、原理和问题》第 3 版，柯森译，353～354 页，南京，江苏教育出版社，2002。

来加以实施。因此，教师教学是课程评价的重要对象。教师教学评价主要涉及教师教学过程评价和教学绩效考核。三是学生学习。学生的学习是否达成了课程目标，学生学习课程的效果如何等，都值得关注。四是课程环境。环境深刻影响着课程的发展，也是课程评价的组成部分。五是课程系统。把课程系统作为评价的对象，主要是考察系统中各个要素，如教师、学生、内容、环境、反馈信息等组成的整体效应。六是课程评价自身。课程评价自身也是评价的对象。判断课程评价的价值与效果，即对课程评价的评价，是元评价。所谓元评价，就是在评价过程中，为了检讨评价方案，检讨评价实施过程与结果，总结成功经验和纠正评价工作之不足，对正在进行或已完成的评价所进行的信息搜集和价值判断。就我国当前课程评价而言，评价对象主要为课程方案、教材、教师教学和学生学习。对于不同的评价对象，需要开发与运用相适宜的评价策略。此处主要论述对学生学习评价策略的创新。

一、学分式评价

微型课程开发总是在不断评价反馈的过程中，持续改进和提升课程品质。前述的"数学魔法学院"课程亦是如此。该课程的学生学习评价主要有自评、小组互评和教师评价三种形式，每种形式均需要设计和提供相应的评价标准和评价表格。为了以评价吸引学生学习，以评价促进学生学习，该课程开展学分式评价，并设置了一些基本奖项（参见表8-2）。

表 8-2 "数学魔法学院"课程学分设计和奖项设置表

学分设计	揭秘魔法	揭秘一个数学魔术可得 1 学分
	施展魔法	表演一个数学魔术，按表现水平可得 2～6 学分
	创新魔法	创新一个数学魔术，按创新水平可得 4～8 学分
奖项设置	个人奖项	1. 修满 40 学分，可获"数学魔法学院"学士学位证 2. 学分位列前 9 名者，可分别授予"数学魔法学院"铜牌魔法师、银牌魔法师和金牌魔法师荣誉，每种荣誉各 3 人 3. 根据自评、同伴互评和教师评价的结果，授予数学魔法专注星、参与星、思维星、创意星、挑战星和领袖星等荣誉，每种荣誉的人数根据实际情况而定

续表

奖项设置	小组奖项	1. 在揭秘数学魔法过程中表现最好的系,可获破解魔法之星荣誉 2. 在表演数学魔法过程中表现最好的系,可获魅力魔法之星荣誉 3. 在创新数学魔法过程中表现最好的系,可获创意魔法之星荣誉 以上表现水平,均由小组自评、组间互评和教师评价的结果综合而定,各奖项的具体数量根据实际情况而定

二、活动式评价

有趣的活动,总能使人产生愉悦的心理体验。通过活动式评价创设轻松愉快的情境,让学生在评价过程中获得积极的情感体验,这是微型课程评价值得努力的方向。前述"数学环球之旅"课程的评价,主要分为平时活动和期末活动。

平时评价活动的理念是以评价激励学生投入学习。在课堂上,发一次言可获得相应国家印章1枚;完成一次旅行笔记,获得相应国家印章4枚。5枚印章可以换取1颗星。每次获评为旅行团之星、最佳风采国、最佳代表国的小组,小组成员每人可获得3颗星;每次获评为旅行者之星、联合国主席、最佳旅行者和最佳大使者,可获得5颗星。累积到20颗星者,可获得"全能旅行者"和"国际理解之星"称号。期末评价活动主要采用国际游园会、国际交流会、国际联合社区三种形式,可分别用于第一、第二、第三学段。

国际游园会:学生通过游园,回答问题,参与游戏,可以赢得各个国家的徽章,凭借徽章个数,兑换礼物。比如,游园活动之一为"猜灯谜"。灯谜由谜面、谜目和谜底组成。谜面是给学生的问题,将会从本课程学习过的知识中抽取;谜目是告诉学生问题涉及哪个国家、什么时代背景、什么领域(如数与代数、图形与几何、概率与统计等),为学生提供一定的思考方向;谜底就是答案。依据灯谜的难度,学生回答正确后可换取数量不等的中国徽章。教师主要根据学生获得的徽章数量以及学生的活动表现来给出成绩。

　　国际交流会：学生以小组为单位，对本学期学过的各国数学知识进行拓展，搜集整理相关资料进行汇报。汇报内容必须是课程中没有学过的内容，或是对已有内容更深入的挖掘。汇报形式不限，可以是情景剧、相声、连环画等。以"概率聚宝堂"模块为例，学生需要在已经学习了的"化学家巧破案""生日的巧合"及"换卡片吗"等内容之外，进一步查找各国其他的统计趣闻，并把趣闻排练成情景剧等，展现给大家。而且，这一环节的汇报要注意有一定的深度。比如，介绍欧几里得的《几何原本》，学生不能只是介绍欧几里得的生平和《几何原本》的写作年代，还需要联系当时的社会文化现象，解释为什么古希腊会产生公理化思想。① 更进一步，还可分析中国古代数学为何注重算法体系的建立，较少关注演绎推理的运用。由于这对小学生有一定的难度，在整个过程中，教师要教给学生多种资料查找方法，并进行适当指导，提供必要帮助。国际交流会要进行自我评价、学生互评和教师评价，每位学生的最后得分由三个方面的评分综合而成。

　　国际联合社区：学生以小组为单位，选择一个自己小组所要代表的国家。每个小组一个摊位，学生自行将摊位装扮得有该国风情。每个小组要能够向其他同学展示这个国家涉及的数学史实、数学家、数学趣闻等。展示形式不定，可以是设置导游、制作画报、播放视频、制作PPT等。以设置导游为例，可以向"旅游者"讲解阿基米德得出圆形面积计算方法的过程，让大家体验阿基米德的探索之路，更重要的是提升文化品位，体现数学思想，也可以向"旅游者"介绍在推演这个公式的过程中，阿基米德进一步发展了欧多克斯发明的"穷竭法"。各小组的展示内容，必须包含本学期所学内容，也要求有一定的课外扩展内容。同时，各国之间要适当进行"国际建交"，互相交流并分析各国知识的关联性，体验平等看待各国知识文化的情感、态度与价值观。而且，各国也要派出大使，发表对此次联合社区开展情况的讲话，说明本小组与其他小组的展示相比，各自的优势与劣势所在。讲话需要体现出正确看待各国文化差异的意识，尊重别国的态度以及思考问题的多角度性和批判性。国

---

① 张奠宙：《关于数学史和数学文化》，载《高等数学研究》，2008 (1)。

际联合社区也会进行自我评价、学生互评和教师评价，每位学生的最后得分由三个方面的评分综合而成。

三、在线式评价

近年来，有一些网络平台开发了在线式评价策略，主要用于检测学习者的微课学习效果。练习题与微课主题关联在一起，包括封闭型与开放型两种不同层次的练习题，用于检测学习者的基础知识掌握和高阶思维发展情况。在线式评价可以迅速向学习者反馈检测结果和答案，有的平台能提供详细的解题步骤展示供学习者反思自己的思维过程，有的平台还能根据学习者的答题情况，智能推送相应的微视频帮助学习者学习一些尚未掌握的内容，因此较受欢迎。但是，就开放型练习题而言，目前大部分网络平台上还缺乏应有的答案反馈。

第三节 循证决策

纵观我国的微型课程开发，还主要处在重视设计和实施环节的阶段，基本满足于将课程"开出来"就行，对课程评价这一环节的关注和落实程度令人担忧。因此，树立课程评价意识，有效开展课程评价，让课程评价成为促进课程发展的重要基础，让微型课程通过评价得以改进并经得起评价，是深化微型课程开发的一个必然方向。

一、循证范式的评价

近年来，国际上兴起了循证实践（evidence-based practice），这既是一种实践，更是一种方式论和范式。循证实践，即基于证据的实践，通俗地说就是"没有证据，不能决策"。它起源于循证医学，指医生将当前所能获得的最佳研究依据、自身的专业技能和临床经验、患者的意愿这三个方面加以综合考虑，进而慎重、准确、明智地制定出治疗措施。[①] 遗憾的是，虽然哈格里夫斯（Hargreaves）在 1997 年就意识到循证实践在

---

① David Sackett, et al, "Evidence Based Medicine: What It Is and What It Isn't," *British Medical Journal*, 1996 (7023), pp. 71-72.

教育领域的重要性[1]，但教师仍然更多地依赖于个人经验，微型课程的评价同样如此。当下，启动循证范式的课程评价，可以更有利于开发者的课程决策，让学生更大限度地享有更优质的课程。

循证范式下微型课程评价的基本要求如下：第一，评价者搜集到与微型课程实践相关的最佳证据。包括来自样本的调查、实验研究、相关研究和质化研究等的证据。第二，开发者根据证据进行课程改进。评价的目的不仅是判断微型课程的效果如何，关键还在于改进微型课程的品质，即基于证据进行反馈，依据反馈做出改进课程的决策和实践。第三，学生和家长积极参与课程改进的决策。校长和教师不再主宰整个微型课程开发，必须充分考虑学生的文化背景和价值观等因素，在已有证据的基础上与学生及其家长一起做出课程决策。

2011 年 6 月，从"中国期刊全文数据库"2001—2010 年所有介绍中小学和幼儿园课程开发个案的论文（共 490 篇）内容分析中发现，呈现了课程评价的文献有 274 篇，约占总文献的 56%；还有约 44% 的文献没有涉及此项内容。具体情况参见表 8-3。

表 8-3　课程评价现状简表[2]

评价类型	评价对象	评价数据/工具	评价结果	百分比
无	无	无	无	44%
进行笼统评价	课程的质量	课程开发过程中学校、教师和学生获得的荣誉	课程开发推进了学校特色建设，促进了教师专业成长，增强了学生的团队精神、探究能力或某些具体领域的知识与技能	34%

---

[1] David Hargreaves, "In Defence of Research for Evidence-Based Teaching," *British Educational Research Journal*, 1997 (4), pp. 405-419.

[2] Zeng Wenjie & Zhou Ting, "School-Based Curriculum Development in Mainland China: An Analysis of Literature from 2001 to 2010," in *Curriculum Innovations in Changing Societies*, ed. Edmond Hau-Fai Law & Chenzhi Li, Netherlands, Sense Publishers, 2013, pp. 271-290.

续表

评价类型	评价对象	评价数据/工具	评价结果	百分比
提供评价框架	学生的学习结果和满意度，教师的教学方式和胜任力	观察、访谈和问卷，但未提供评价的具体数据和材料	无	16％
开展具体评价	学生、家长和专家对课程的感受和意见	观察、访谈和问卷，有相应的数据和材料作为论据	呈现和分析了大量数据和材料，反映了学生对课程的态度、家长对课程的建议以及专家对课程的意见	6％

近年来，情况略有好转，但循证式的课程评价仍有待于重视与发展。PISA 项目主持者施莱克尔（Schleicher）说："如果没有数据，你有的只是观点"，而仅凭观点是难以确定合理、有度、有效的决策的。[①] 课程评价基于数据分析可以给出具体建议，而不仅仅是提供空泛的结论。一图胜千字，图是直观的语言，相对于描述性文字，基于数据完成的图表也具有更强的可读性，更能吸引人，更易让家长和教师接受与理解，同时有利于课程开发者通过对数据的科学分析来确定课程改进的方向。

值得提出的是，学生每天都在上学、上课，他们对于改进课程与学习有许多要说的，但校长和教师很少倾听学生的声音。未来的循证式课程评价将格外重视搜集学生是否愿学、是否乐学、是否学有所获等方面的证据。这些证据可以通过教师的观察和思考来获得，更需要通过对学生进行全面的问卷调查和深入的抽样访谈来搜集。由此，才能真正全面深刻地了解学生学习微型课程的感受和收获。

今后，微型课程的评价需要更多地使用问卷、访谈和个案分析等方法，了解学生究竟在多大程度上喜欢某一微型课程，喜欢这一课程的哪些内容、不喜欢哪些内容，喜欢这一课程的哪些教学方式、不喜欢哪些

---

① 张民选、陆璟、占胜利等：《专业视野中的 PISA》，载《教育研究》，2011（6）。

教学方式，这一课程让学生在知识、技能、情感和思维方面有哪些收获等。问卷法、访谈法和个案分析法可以配合使用。问卷法便于了解全体学生的学习感受及其成因。访谈法较为深入地了解不同群体学生的课程学习感受及其成因。比如，可以采用分层抽样，在学优生、中等生、学困生中，分别抽取多位学生加以访谈。个案分析法则有利于长期跟踪观察不同群体学生的课程学习表现、感受及其成因等，以便更深入地搜集相关信息，也可以在学优生、中等生、学困生中分别抽取几位具有代表性的学生进行跟踪。

通过一系列的课程评价，就能够获知哪些课程目标是适合或不适合学生的，哪些课程内容与实施方式是学生喜欢的和不喜欢的，从而决定课程目标、内容和实施策略等的调整与改进方向。比如，学生最喜欢的内容和形式，一定要保留，反之亦然。同时，通过调查也能发现微型课程所拟定的目标，是否实现或在多大程度上得到了实现，其具体原因是什么，从而进一步优化课程目标。这样，就有利于从"目标—内容—实施—评价"有效整合的宏观层次，统筹协调和完善课程开发的各个要素，保证课程的品质在不断评价反馈的过程中得以持续改进和提升。

二、三角互证的方法

三角互证（triangulation）主要是指运用多种资料来源或多种资料收集方法，对资料所做的交互证实。至少从三个不同的角度收集研究所用的材料，这样可以避免单一来源的材料所带来的局限性或不可靠性。该方法以复合的方法论为指导，混合使用多种研究方法，将定性分析与定量描述相结合，实现多个主体、多方信息源、多种理论视角的相互印证，从而最大限度地提升了研究的可靠性和有效性。三角互证主要包括：研究主体之间的三角互证，如理论研究者、实践研究者、研究参与者等之间相互查验；理论之间的三角互证，如运用不同的理论视角进行研究；方法论之间的三角互证，如不止使用一种方法进行研究；每个"角"的自我互证，如借助不同时间、不同版本、不同语言的文献相互验证等。就微型课程评价而言，主要是将问卷、访谈、观察等三种以上方法的特色和优势有机结合，形成三角的互释互证，既发挥每种方法的最大效用，也从多维度搜集和分析信息数据，进而以多侧面、多层次的信息数据为证据，让课程评价及其相应的改进建议更有说服力。

运用三角互证，有助于改变单向度、单方面决策的习惯，注意综合考虑不同利益相关者、学习结果的多重意义、课程目标实现的条件、课程成效获取的代价等各项内容，将课程决策建立在多维度、多群体、多因素、多层面的复杂系统分析和要素过程模型建构的基础之上。而且，微型课程开发与学生学习活动本身的复杂性，也决定了课程评价需要采用三角互证。从单一立场或方法出发，通常难以形成对课程成效的充分理解与认识。从三角互证思路出发，各种观点与证据被汇集，保留相似的、共有的、能聚类的部分，而离散的、偏离的、可能带来偏差的信息则会被削弱或消除，这就大幅度地提升了课程评价的可靠性。然而，可靠性并不等同于有效性。有效性要求保障所探究现象与问题的多维度或复杂性。隐藏在大量信息中的某一个偏差或异常，往往可能代表着某一个维度或特征，把这种异常消除，可能丢失的恰恰是这一现象或事物的一个根本特性。基于此，为了保证微型课程评价的有效性，对不同评价方法所获材料形成的分离甚至冲突结论，也必须予以关注。

比如，"优良品德健身房"课程评价综合采用了多种方法，均一致表明该课程提升了学生的幸福感（含生活满意度提升、消极情感减少与积极情感增加以及自尊增强）并发展了学生的多种优良品德，从而实现了三角验证。其中，主要使用了量表测评、作品分析和自我反思，还配合使用了深度访谈和引导型日志等方法。

第一，量表测评。课程开发者运用学生生活满意度量表、积极情感与消极情感量表以及罗森博格自尊量表等工具，先后多次测评了课程成效。结果表明，在控制生活满意度基准线、年龄、性别、学校和年级的条件下，实验组学生的生活满意度显著提高，而且积极情感和自尊得分相对较高，消极情感得分相对较低。[①] 后续的研究也呈现出一致的结果。这表明"优良品德健身房"课程对青少年幸福感产生了积极影响。

---

① Carmel Proctor, et al, "Strengths Gym: The Impact of a Character Strengths-Based Intervention on the Life Satisfaction and Well-Being of Adolescents," *The Journal of Positive Psychology*, 2011 (5), pp. 377-388.

第二，作品分析。通过分析学生在学习过程中完成的作品，学生手册上的笔记和撰写的自我反思与评价，以及在优良品德挑战者活动中获得的奖励贴画等，对学生进行评价。有的学生在学习"审慎"这一优良品德时写道："如果我想成为国家冰球联盟（National Hockey League）的一员，就应该健康饮食，多做运动，在学校好好学习。"同时，还画了一张笑脸，作为对自己的鼓励。可见，学生已经领悟了审慎的基本意蕴，即观照全局做出计划与选择并指向长期目标。

第三，自我反思。学生学习课程后的自我评价具有重要意义，教师要鼓励学生进行自我反思式的评价。学生的反思评价表明，课程学习给他们带来了改变，使其更加明确地认识到自己的优良品德，并且更有意识地在实际生活中加以运用，态度和行为得以改善，自信心和效能感得以增强。有的学生这样评价："行动前先思考，而不是随意说出自己的所思所想，我变得越来越审慎了——审慎"；"我学会了关注生活中有趣的一面，我的新朋友们也和我一样，我们经常笑得很开心——幽默"；"我变得更加有决心了，而且做到了比我想象中更多的事情——坚毅"。按照拓展建构（broaden-and-build）理论的观点，通过建立和练习优良品德所体验到的积极情感及其所带来的生活满意度提高，将有助于青少年拥有持久的个人资源，包括身体与智力、社会与心理优势，使他们能够享有蓬勃的人生。[①]

课程评价主体正呈现出多元化的趋势，主要包括：一是教师。教师既是课程设计者，也是课程实施者，更是课程评价者。教师参与课程评价，是课程评价的必然要求，也是教师有效专业发展的途径。二是学生。强调学生参与课程评价是国际上新兴的一种趋势。人们明确提出，学生要对课程、对教师的教学表现、对自己的学习表现进行评价，并通过一系列实证研究表明，学生评价是一种强大而有效的力量。[②] 学生作为课程评价者去检验课程的有效性，自主或协同开展改进课程开发的调查活动，

[①] Barbara Fredrickson, "The Role of Positive Emotions in Positive Psychology: The Broaden-and-Build Theory of Positive Emotions," *American Psychologist*, 2001 (3), pp. 218-226.

[②] Patricia Campbell, Susan Edgar & Alice Halsted, "Students as Evaluators: A Model for Program Evaluation," *Phi Delta Kappan*, 1994 (2), pp. 160-165.

往往涉及课程开发者没有或不能想到的视角和议题。三是学校领导。学校领导，特别是校长，是学校教育活动的领导者，参与课程评价，在评价过程中出主意、想办法、提方案、做决定等，是必不可少的。四是教育行政部门。开展课程评价与指导是教育行政部门的主要职责之一。五是家长与社会人士。家长关心自己子女的发展，社会人士关心下一代的成长，都可以从独特的视角，以各种形式参与到课程评价之中。开展基于多元评价主体的三角互证，正当其时。

第四节　学本评估

大量证据表明，"评估"对学习起着主要影响。[1] 为了消解评估限制，甚至阻碍学习的负面作用，发挥评估促进学习的积极功能，"学习为本评估"（learning-oriented assessment，简称"学本评估"）得以兴起。[2] 微型课程开发，需要发挥课程评估对学生学习的促进作用。

一、学习性评估

学习性评估（assessment for learning）重视在学习过程中及时评估，聚焦于学生"现在在哪里""需要去哪里"和"如何最好地到那里"这三大问题搜集和解释评估信息。比如，本书第六章中论述的"逆向设计"就体现了这一点。同时，学习性评估倡导让学习目标透明化、可视化，让学生得到及时反馈和具体指引。比如，学习性评估会通过多种方法诊断学生现有学习水平与学习目标之间的差距，并通过教师指引或同伴互助等以缩小这一差距。而且，学习性评估敏锐地关注到学生情绪的重要作用，明确强调学生将采取的学习行动以及由此带来的结果，是由其对评估结果的情绪反应所决定的。如果学生面对评估结果持乐观情绪，那么他们将继续努力并辨明下一步该做什么，即他们将保持对学习成功的

---

[1]　David Boud & Nancy Falchikov, *Rethinking Assessment in Higher Education*, London & New York, Routledge, 2007, p. Preface.

[2]　曾文婕、黄甫全、余璐：《评估促进学习何以可能——论新兴学本评估的价值论原理》，载《教育研究》，2015（12）。

渴望并为之努力。相反，悲观的反应将使学生感到学习目标不是力所能及的，从而停止努力。因此，学习性评估总是要求能够激发学生对评估结果的乐观反应。

二、学习段评估

学习段评估（assessment of learning）是依据既定学习目标，综合运用多种形式搜集某一学习阶段结束时学生学习结果的信息，并通过数据分析，判定学生的达标程度，在此基础上着重对这些数据做出适当解释，反馈给学生个人、教师、学校领导或教育行政部门等，以便其改进有关学生学习的决策。学习段评估非常强调对评估数据加以分析解释、反馈和适度透明化。这些解释成为学生学习的"前馈"（feedforward）信息，能够帮助学生理解、检测自己的学习状态，明确进一步学习的方向。

学习段评估主要起源于人们对终结性评估成效的反思，对终结性评估与形成性评估"孰优孰劣"之争以及随之而来的对评估概念的重建。与传统的终结性评估相比，学习段评估在评估理念上更具创新性和包容性，力争将终结性评估和形成性评估有机整合，强调终结性评估数据的形成性运用；在评估内容上更为多元化，关注学习成就、学习动机和学习投入等各方面；在评估技术上锐意革新，更加注重多样化学习证据的搜集、整理和分析，如在选择方法技术时可以考虑各种小型、中型和大型测验，也可选用图片、成长档案、模拟作业、多媒体设计、口头汇报等多层次的学习产品展示。

三、学习化评估

学习化评估（assessment as learning）旨在追求"评估即学习"，促使学习和评估一体化，让学生成为评估活动的主体，对学习活动展开自我评估和同伴互评，随时反思、监控和调节自己的学习过程，在评估过程中获取有效的反馈信息，丰富评估活动经验，增长评估知识与技能，养成可持续发展的评估素养，成长为优秀的自我评估者和自主的终身学习者。学习化评估不是独立于学习活动之外的评估活动，而是学生在学习过程中随时进行的元认知层面的监控、反思和调节。

学习化评估既是一种革新的评估理念，也是一种有效的评估实践，其实施需要注意以下三点：一是激发内在动机。帮助学生由被迫学习转变为主动学习。学习化评估将评估视为一种激发学生内在动机的方式，而非奖惩的手段。而且，需要帮助学生意识到错误和失败都是学习过程中的正常现象，伴随评估素养的提升，学生能够逐渐将错误视为学习的正常现象和改进学习的转折点，学习动机就不会轻易被消减。二是增强外部动机。适当结合外部动机的激发，让学生认识评估的多种益处，帮助学生加强对评估的认同感。比如，学生对自身学习过程的持续追踪与记录，能明确地展示自己的学习进展情况，有利于感受到自己的学习进步。这种认同感也源于对外部奖赏的适度运用。在学习化评估中，师生之间、同学之间的表扬应该是赞赏性的而非控制性的，重要的是作为反馈去沟通而非判断；表扬还应该是真诚的，是表扬具体的成就并认可有价值的努力。三是鼓励自主调节。学习化评估要求学生改变一味等待教师或家长告知正确答案的倾向，在教师指导下逐渐成长为能够灵活运用元认知的批判思考者和问题解决者。教师需要开发多种方法，帮助学生进行自我评估训练，促进学生达至自主学习的最佳状态，进而能够主动参与制定学习计划和目标，观察自己的学习活动，评估达标的过程，并根据情况做出适当反应。

微型课程开发不是一次性的活动，而是一轮一轮持续加以改进的活动。在第一轮课程规划、实施和评价结束后，开发者根据搜集到的反馈信息，修正课程规划，再次予以实施并开展评价，如此一轮一轮不断进行下去，课程的目标和内容等均在或快或慢地变动和更换。课程的这种变更（alterations）的实质，通常用研制、变迁、创新、改革或运动等术语加以概括和表达。在这个意义上，课程开发就是行动研究，即一轮课程开发活动，就是一轮行动研究的实践。以研究型思维来改进、推动和深化微型课程开发，已是大势所趋。

参考文献

一、中文图书

1. ［德］迈克尔·兰德曼. 哲学人类学［M］. 第 2 版. 阎嘉，译. 贵阳：贵阳人民出版社，2006.

2. ［德］恩斯特·卡西尔. 人论：人类文化哲学导引［M］. 甘阳，译. 上海：上海译文出版社，1985.

3. ［德］恩斯特·卡西尔. 人文科学的逻辑［M］. 沉晖，海平，叶舟，译. 北京：中国人民大学出版社，1991.

4. ［美］迈克尔·W. 阿普尔. 意识形态与课程［M］. 黄忠敬，译. 上海：华东师范大学出版社，2001.

5. ［美］安德森等. 布卢姆教育目标分类学：分类学视野下的学与教及其测评［M］. 蒋小平，等，译. 北京：外语教学与研究出版社，2009.

6. ［美］奥恩斯坦，［美］汉金斯. 课程：基础、原理和问题［M］. 第 3 版. 柯森，译. 南京：江苏教育出版社，2002.

7. ［美］柯蒂斯·J. 邦克. 世界是开放的：网络技术如何变革教育［M］. 焦建利，译. 上海：华东师范大学出版社，2011.

8. ［美］比彻姆. 课程理论［M］. 黄明皖，译. 北京：人民教育出版社，1989.

9. ［美］罗洛·梅. 焦虑的意义［M］. 朱侃如，译. 桂林：广西师范大学出版社，2010.

10. ［美］威廉·F. 派纳等. 理解课程：历史与当代课程话语研究导论［M］.

张华，等，译. 北京：教育科学出版社，2003.

11. ［美］威廉·F. 派纳等. 理解课程［M］. 北京：中国轻工业出版社，2004.

12. ［美］拉尔夫·W. 泰勒. 课程与教学的基本原理［M］. 施良方，译. 北京：人民教育出版社，1994.

13. ［美］格兰特·威金斯，［美］杰伊·麦克泰. 理解力培养与课程设计——一种教学和评价的新实践［M］. 么加利，译. 北京：中国轻工业出版社，2003.

14. ［美］埃里克·詹森，［美］利恩·尼克尔森. 深度学习的 7 种有力策略［M］. 温暖，译. 上海：华东师范大学出版社，2009.

15. ［瑞典］胡森，［德］波斯特尔斯威特. 简明国际教育百科全书·课程［M］. 江山野，主编译. 北京：教育科学出版社，1991.

16. ［英］查尔斯·汉迪. 饥饿的灵魂［M］. 刘海明，张建新，译. 上海：上海三联书店，1999.

17. ［英］凯利. 课程理论与实践［M］. 吕敏霞，译. 北京：中国轻工业出版社，2007.

18. 冯达文，郭齐勇. 新编中国哲学史（下册）［M］. 北京：人民出版社，2004.

19. 冯契. 哲学大辞典（上卷）［M］. 分类修订本. 上海：上海辞书出版社，2007.

20. 黄甫全. 现代课程与教学论［M］. 第 2 版. 北京：人民教育出版社，2011.

21. 黄甫全. 现代课程与教学论［M］. 第 3 版. 北京：人民教育出版社，2014.

22. 黄政杰. 课程设计［M］. 台北：东华书局，1991.

23. 廖哲勋，田慧生. 课程新论［M］. 北京：教育科学出版社，2003.

24. 全国十二所重点师范大学. 心理学基础［M］. 北京：教育科学出版社，2002.

25. 施良方. 课程理论：课程的基础、原理与问题［M］. 北京：教育科学出版社，1996.

26. 王力波. 列子译注 [M]. 哈尔滨：黑龙江人民出版社，2003.

27. 谢卫东. 篆刻文化：校本课程的开发与实施 [M]. 上海：华东师范大学出版社，2010.

28. （汉）许慎. 说文解字（附检字）[M]. 北京：中华书局，1963.

29. 杨国荣. 善的历程：儒家价值体系研究 [M]. 上海：上海人民出版社，2006.

30. 张华. 课程与教学论 [M]. 上海：上海教育出版社，2000.

31. 周加仙. 教育神经科学：学科建制与教育创新 [M]. 北京：教育科学出版社，2016.

32. 祝智庭，钟志贤. 现代教育技术——促进多元智能发展 [M]. 上海：华东师范大学出版社，2003.

二、中文论文

1. 柴少明. 知识建构引领教育创新：理论，实践与挑战 [J]. 开放教育研究，2017（4）.

2. 崔允漷，周文叶，岑俐，等. 校本课程规划：短板何在 [J]. 教育研究，2016（10）.

3. 邓彤，王荣生. 微型化：写作课程范式的转型 [J]. 课程·教材·教法，2013（9）.

4. 郭利萍. 善把课时巧剪裁 [J]. 课程·教材·教法，1999（3）.

5. 何克抗. 建构主义——革新传统教学的理论基础（上）[J]. 电化教育研究，1997（3）.

6. 胡铁生，黄明燕，李民. 我国微课发展的三个阶段及其启示 [J]. 远程教育杂志，2013（4）.

7. 黄甫全. 试论信息技术与课程整合的实质及基本原理 [J]. 教育研究，2002（10）.

8. 黄甫全. 整合课程与课程整合论 [J]. 课程·教材·教法，1996（10）.

9. 姜国钧. “课程”与“教学”词源小考——兼与章小谦先生讨论 [J]. 华东师范大学学报（教育科学版），2006（4）.

10. 刘运华，衷克定，赵国庆. 新加坡微型课程研究项目的实践与启示 [J]. 中国电化教育，2005（11）.

11. 罗传芳. "中国传统文化座谈会"综述 [J]. 哲学研究，2001（1）.

12. 曲萌. 马克思主义哲学与后现代主义 [J]. 新华文摘，1996（2）.

13. 田海燕. 学校课程开发中的学生学习需求分析 [J]. 中小学管理，2003（12）.

14. 王志刚. 留住今天——"5＋5＋2"每日反思会 [J]. 班主任，2012（3）.

15. 魏萍，周晓林. 从知觉负载理论来理解选择性注意 [J]. 心理科学进展，2005（4）.

16. 吴秀娟，张浩，倪厂清. 基于反思的深度学习：内涵与过程 [J]. 电化教育研究，2014（12）.

17. 席小莉，黄甫全. 儿童作为研究者：一种新兴的研究取向 [J]. 教育发展研究，2012（24）.

18. 夏劲，张弘政. 近代以来中国现代化运动中科学精神缺失的文化视角探析 [J]. 自然辩证法通讯，2005（4）.

19. 徐谊. 信息化微型课程的开发与应用 [J]. 中小学管理，2005（9）.

20. 杨海茹，刁永锋. 基于多元智能理论的信息化教学设计模式构建 [J]. 中小学电教，2005（7）.

21. 杨鸿华. 小学信息技术 Webquest 活动课的设计案例 [J]. 教育信息化，2002（12）.

22. 尹弘飚，李子建. 论课程改革中的教师改变 [J]. 教育研究，2007（3）.

23. 尹弘飚，李子建. 论学生参与课程实施及其研究 [J]. 课程·教材·教法，2005（1）.

24. 余宏亮. 微课程意涵三重判读 [J]. 课程·教材·教法，2015（5）.

25. 曾文婕，陈鲜鲜. 追求有意义的闲暇生活——美国青少年问题行为预防课程"时间智慧"述论 [J]. 课程·教材·教法，2016（3）.

26. 曾文婕，黄甫全，余璐. 评估促进学习何以可能——论新兴学本评估的价值论原理「J]. 教育研究，2015（12）.

27. 曾文婕，黄甫全. 课程改革与研究的新动向：彰显学习为本 [J]. 课程·教材·教法，2013（7）.

28. 曾文婕. 微型化：校本课程开发的深化之路 [J]. 教育发展研究，2009 (4).

29. 曾文婕. 微型课程：校本课程开发的新方向 [J]. 教育科学研究，2009 (2).

30. 张奠宙. 关于数学史和数学文化 [J]. 高等数学研究，2008 (1).

31. 张民选，陆璟，占胜利，等. 专业视野中的 PISA [J]. 教育研究，2011 (6).

32. 郑良仙. 走近温总理 [J]. 语文建设，2004 (7/8).

33. 周立. 教学要保护和促进学生身心健康的成长 [J]. 中国教育学会通讯，1981 (4).

三、英文图书

1. Arieh Lewy. The International Encyclopedia of Curriculum [M]. Oxford：Pergamon Press，1991.

2. Allan Ornstein & Francis Hunkins. Curriculum：Foundations, Principles, and Issues [M]. 4th ed. Boston：Allyn & Bacon，2004.

3. Allan Ornstein & Francis Hunkins. Curriculum：Foundations, Principles, and Issues [M]. 6th ed. Boston：Pearson，2012.

4. David Boud & Nancy Falchikov. Rethinking Assessment in Higher Education [M]. London & New York：Routledge，2007.

5. Edmond Hau-Fai Law & Chenzhi Li. Curriculum Innovations in Changing Societies [M]. Netherlands：Sense Publishers，2013.

6. Elliot Eisner. The Educational Imagination：On the Design and Evaluation of School Programs [M]. New York：MacMillan Publishing Company，1984.

7. International Baccalaureate Organization. Making the PYP Happen：A Curriculum Framework for International Primary Education [M]. Geneva：International Baccalaureate organization，2009.

8. Jan Winter, et al. Improving Primary Mathematics：Linking Home and

School [M]. London: Routledge, 2009.

9. John McNeil. Contemporary Curriculum: In Thought and Action [M]. 7th ed. Hoboken: NJ, John Wiley & Sons, Inc, 2009.

10. Philip Jackson. Handbook of Research on Curriculum [M]. New York: Macmillan Publishing Company, 1992.

11. Julie Gess-Newsome & Norman Lederman. Examining Pedagogical Content Knowledge [M]. Netherlands: Kluwer Academic Publishers, 1999.

12. Levi Thomas Hopkins. Interaction: The Democratic Process [M]. Boston: D. C. Heath, 1941.

13. OECD. School-Based Curriculum Development [M]. Paris: OECD, 1979.

14. Peter Oliva. Developing the Curriculum [M]. 7th ed. Boston: Allyn & Bacon, 2009.

15. Richard Allington & Sean Walmsley. No Quick Fix: Rethinking Literacy Programs in America's Elementary Schools [M]. New York: Teachers College Press, 1995.

16. Ryan Niemiec. Mindfulness and Character Strengths: A Practical Guide to Flourishing [M]. Boston: MA, Hogrefe, 2013.

四、英文论文

1. Andy Hargreaves. The Emotional Politics of Teaching and Teacher Development: With Implications for Educational Leadership [J]. International Journal of Leadership in Education: Theory and Practice, 1998 (4).

2. Barbara Fredrickson. The Role of Positive Emotions in Positive Psychology: The Broaden-and-Build Theory of Positive Emotions [J]. American Psychologist, 2001 (3).

3. Bradley Witzel & Paul Riccomini. Optimizing Math Curriculum to Meet the Learning Needs of Students [J]. Preventing School Failure, 2007 (1).

4. Carmel Proctor, et al. Strengths Gym: The Impact of a Character Strengths-Based Intervention on the Life Satisfaction and Well-Being of Adolescents [J]. The Journal of Positive Psychology, 2011 (5).

5. Charoula Angeli & Nicos Valanides. Epistemological and Methodological Issues for the Conceptualization, Development, and Assessment of ICT-TPCK: Advances in Technological Pedagogical Content Knowledge (TPCK) [J]. Computers & Education, 2009 (1).

6. Claus Nygaard, Thomas Højlt & Mads Hermansen. Learning-Based Curriculum Development [J]. Higher Education, 2008 (1).

7. David Hargreaves. In Defence of Research for Evidence-Based Teaching [J]. British Educational Research Journal, 1997 (4).

8. David Sackett, et al. Evidence Based Medicine: What It Is and What It Isn't [J]. British Medical Journal, 1996 (7023).

9. David Shieh. These Lectures are Gone in 60 Seconds [J]. The Chronicle of Higher Education (Information Technology section), 2009 (26).

10. Mary Barnes, et al. Assessment: The Engine of Systemic Curricular Reform [J]. Journal of Curriculum Studies, 2000 (5).

11. Nelson J. Ron & Frederick Lin . Can Kids Design Curriculum? Yes! [J]. Education Digest, 1994 (8).

12. Jeffrey Froh, et al. Counting Blessings in Early Adolescents: An Experimental Study of Gratitude and Subjective Well-Being [J]. Journal of School Psychology, 2008 (2).

13. John Keller. Development and Use of the ARCS Model of Instructional Design [J]. Journal of Instructional Development, 1987 (3).

14. Lee Shulman. Those Who Understand: Knowledge Growth in Teaching [J]. Educational Researcher, 1986 (2).

15. LeRoy McGrew. A 60-Second Course in Organic Chemistry [J]. Journal of Chemistry Education, 1993 (7).

16. Margaret L. Niess. Preparing Teachers to Teach Science and Mathematics with Technology: Developing a Technology Pedagogical Con-

tent Knowledge [J]. Teaching & Teacher Education，2005（5）.

17. Mel Cohen. Participation as Assessment：Political Science and Classroom Assessment Techniques [J]. Political Science and Politics，2008（3）.

18. Michael Buchanan & Brendan Hyde. Learning Beyond the Surface：Engaging the Cognitive，Affective and Spiritual Dimensions Within the Curriculum [J]. International Journal of Children's Spirituality，2008（4）.

19. Patricia Campbell，Susan Edgar & Alice Halsted. Students as Evaluators：A Model for Program Evaluation [J]. Phi Delta Kappan，1994（2）.

20. Shanti Divaharan & Philip Wong. microLESSONS™：A Tool to Encourage Student-centred Learning [J]. Teaching and Learning，2003（1）.

21. Suzanne SooHoo. Students as Partners in Research and Restructuring Schools [J]. The Educational Forum，1993（4）.

22. Theresa Thorkildsen，et al. What's Fair? Children's Critiques of Practices That Influence Motivation [J]. Journal of Educational Psychology，1994（4）.

23. Walter Borg，Philip Langer & Marjorie Kelley. The Minicourse：A New Tool for The Education of Teachers [J]. Education，1970（3）.

24. Wayne Brown，et al. Reading Recovery Effectiveness：A Five-Year Success Story in San Luis Coastal Unified School District [J]. ERS Spectrum，1999（1）.

图书在版编目(CIP)数据

微型课程论/曾文婕著. —北京：北京师范大学出
版社，2018.5(2020.6重印)
(中国教育研究丛书)
ISBN 978-7-303-23426-4

Ⅰ．①微… Ⅱ．①曾… Ⅲ．①课程－教学研究
Ⅳ．①G423

中国版本图书馆 CIP 数据核字(2018)第 020748 号

本书系广东省哲学社会科学"十二五"规划项目"校本微型
课程开发的理论与实践研究"(GD12YJY02)和广东省高校省
级重大研究项目"社会主义核心价值观教育课程开发原理与
方法研究"(2016WZDXM013)成果

营　销　中　心　电　话　010-58802135　010-58802786
北师大出版社教师教育分社微信公众号　**京师教师教育**

WEIXING KECHENGLUN

出版发行：北京师范大学出版社　www.bnup.com
　　　　　北京市西城区新街口外大街 12-3 号
　　　　　邮政编码：100088
印　　刷：保定市中画美凯印刷有限公司
经　　销：全国新华书店
开　　本：730 mm×980 mm　1/16
印　　张：10.5
字　　数：168 千字
版　　次：2018 年 5 月第 1 版
印　　次：2020 年 6 月第 2 次印刷
定　　价：39.00 元

策划编辑：鲍红玉　陈红艳　　责任编辑：董洪伟　孟　浩
美术编辑：李向昕　　　　　　　装帧设计：李向昕
责任校对：陈　民　　　　　　　责任印制：马　洁